转型与重构
——南京老城工业用地再开发研究

高金龙　著

科学出版社

北　京

内 容 简 介

20 世纪 70 年代以来，世界范围内的经济、社会、技术发展都受到了全球化进程的深刻影响。城市用地空间的转型与重构正是在全球化影响下，城市产业结构重组、社会结构变革和实体空间变化的综合体现；反过来，城市用地空间重构又在一定程度上促进和影响着城市经济与社会结构的转变。近年来，中国快速城镇化进程在加速用地外向扩张的同时，也伴随着部分城市内部空间的衰退。本书以长江三角洲地区重要中心城市——南京作为实证区域，着重分析 21 世纪以来，城市内部工业用地的空间重组与转型过程，并从企业退出与用地调整的视角对老城区存量工业用地调整过程进行解析，通过对利益主体间的多重博弈进行分析，解构存量用地调整的不同模式类型。

本书可供人文地理、城市规划、区域经济与公共管理等领域的研究人员和高等院校相关专业师生参考阅读。

审图号：宁 S（2018）033 号

图书在版编目（CIP）数据

转型与重构：南京老城工业用地再开发研究 / 高金龙著. —北京：科学出版社，2018.11

ISBN 978-7-03-059300-9

Ⅰ. ①转… Ⅱ. ①高… Ⅲ. ①城市-工业用地-土地开发-研究-南京 Ⅳ. ①F429.9

中国版本图书馆 CIP 数据核字（2018）第 250930 号

责任编辑：周　丹　沈　旭　高慧元 / 责任校对：贾娜娜
责任印制：张　伟 / 封面设计：许　瑞

科 学 出 版 社 出版

北京东黄城根北街 16 号
邮政编码：100717
http://www.sciencep.com

北京凌奇印刷有限责任公司 印刷

科学出版社发行　各地新华书店经销

*

2018 年 11 月第 一 版　开本：720 × 1000　1/16
2019 年 1 月第二次印刷　印张：9 3/4
字数：200 000

定价：99.00 元

（如有印装质量问题，我社负责调换）

前　言

20 世纪 90 年代以来，发达国家与发展中国家都在经历着巨大的经济、社会体制转型。作为世界上最大的发展中国家，中国"实用主义"（pragmatism）和"渐进主义"（gradualism）的政治、经济、社会改革与东欧地区的"激进改革"、"难堪后果"形成了鲜明对比。因此，中国的转型模式引起了更多学者和政治家的关注，甚至被认为是代表了一种非常典型和理想的"体制转型范式"。按照西方"社会空间统一体"（social spatial dialectic）的逻辑，中国改革开放 40 年来经济、政治、社会方面的剧烈变迁，从根本上改变了城市发展的动力基础和作用机制，也强烈地影响着城市用地空间的演化进程。所以说，中国目前处于转型时期的基本事实，应该成为城市发展与空间重构研究的基本出发点。

城市作为经济社会活动的载体，其内部各种力量的成长、组合与嬗变强烈地作用于经济与社会过程，这种往复的相互作用过程不断推动城市管制方式的变化与城市空间重构。工业生产作为城市活动的重要内容，其空间变动是城市空间重构的最主要表现和推动力量。对转型时期城市内部工业空间转型与重构过程的系统研究，既是对城市空间重构过程的局部放大，也有利于对中国经济社会转型特征的深入剖析。

本书在考察中国经济转型时期全球化、市场化、分权化、城市化和绿色化等外部环境要素对城市工业用地调整影响的基础上，依托地理学、经济学和公共管理等相关学科的理论分析方法，构建了基于不同利益主体的多重博弈模型，试图解释转型期中国城市工业空间重构的过程机理。具体地，本书选择长江三角洲地区的重要中心城市——南京作为实证区域，在系统梳理其工业发展历程及空间演替规律的基础上，刻画了 21 世纪以来制造业企业空间退出的格局与路径特征；在此基础上，进一步聚焦老城内部退出企业的空间转型与用地调整过程，分别选择三个典型案例分析不同利益主体在企业空间转型与用地调整过程中的多重博弈关系，总结归纳出三种不同的存量工业用地再开发模式。

本书是作者主持的国家自然科学基金青年项目"城市存量工业用地转型机理及其空间重构效应研究：以南京市为例"（41701193）、江苏省科协青年科技人才托举工程、中国科学院南京地理与湖泊研究所引进人才启动项目"转型期城市工业空间重构的过程、机理与效应研究"（NIGLAS2016QD11）、国土资源部海岸带保护与开发重点实验室开放基金项目"快速城镇化背景下多尺度城乡土地利用转型研究"（2017CZEPK04）的部分研究成果。在本书成稿和项目研究过程中得到了中国科学院南京地理与湖泊研究所区域发展与规划研究团队各位老师的大力支持和帮助，借此表示衷心的感谢。此外，南京大学建筑与城市规划学院张京祥教授、中山大学地理科学与规划学院李郇教授、南京农业大学公共管理学院冯淑怡教授等专家，以及南京市发展和改革委员会、南京市鼓楼区国家大学科技园管理委员会、南京市机电产业（集团）有限公司、金城集团有限公司、熊猫新兴软件园等单位的各位领导也在书稿写作和调研访谈过程中提出了诸多建设性意见和建议，在此一并表示感谢。

在本书的写作过程中，作者还参考了许多专家的论著观点和科研成果，书中对引用部分做了明确标注，但仍恐有遗漏之处，敬请各位专家学者海涵。由于中国城市存量用地调整所涉及的权利主体繁多、利益关系复杂，增加了学术研究的难度，而作者作为初入科研大门的"小青椒"，水平、能力和时间均有所局限，书中的不足之处在所难免，恳请广大同行专家不吝赐教！

高金龙

2018 年夏

于紫金山麓

目　　录

第1章 绪 论

在全球化、市场化背景下，我国经济社会转型进程不断加快，城市内部制造业空间及其用地变动也日益剧烈，成为人文地理学、城市地理学以及城市规划领域关注和研究的焦点（Yeh and Wu，1995；Ma and Wu，2005；Yeh et al.，2015）。本书以南京市为例，重点研究城市工业企业退出过程中存量用地如何调整的问题，旨在探讨转型时期中国城市内部存量用地调整的规律，丰富和完善城市转型过程中工业、经济地理相关理论及案例，并为城市工业用地调整及存量规划编制提供科学参考。

1.1 问题的提出

中华人民共和国成立初期，城市发展与经济建设百废待兴，国家强调"变消费型城市为生产型城市"，工业生产成为城市经济发展主体和建设的首要任务（汤建中和严重敏，1985）。"一五"时期（1953～1957 年），国家工业建设主要围绕苏联援建的 156 个重点项目，这些项目大多布局在城市，既便于生活配套，也强化了城市生产性质（McGee et al.，2007；Yeh et al.，2015）。20 世纪 60 年代中期，受"先生产，后生活"等思想的影响，中央号召各地积极发展小煤矿、小钢铁厂、小化肥厂、小水泥厂、小机械厂等"五小工业"，城市内部工业用地"见缝插针"（吴炳怀，1997，曹广忠和柴彦威，1998），工业迅速成为城市经济发展的支柱，工业用地快速扩张，并对居住区不断"入侵"，城市内部生产、居住、服务功能布局混杂（陆大道，1990；刘塔，1992）；而且，居民消费与生活需求的政策性抑制，导致居住与服务业用地增长缓慢，城市居住矛盾日益突出（吴楚材等，1987；陈雯，1995）。例如，1954～1978 年，无锡市工业仓储用地比重由 14.8%增加至 38.9%，而住宅用地比重则由 44%减少至 26.8%（窦京生和黄家柱，1992）。

改革开放初期，国家转向以经济建设为中心，工业发展与城市建设呈现新的特点。乡镇与外资企业等多种所有制经济的迅速崛起，猛烈冲击城市国有企业，国有企业生产萎缩，厂房出现闲置（Yeh and Wu，1995；宁越敏，1998；Zhou and Ma，2000）；同时，住宅建设和生活服务配套日益受到重视，城市内部的居住用地比例大幅增加（顾立三，1982）。部分国有企业开始利用闲置厂房和工业用地建设公有住宅，一定程度上解决了企业职工的住房生活问题，同时揭开了城市工业用地再开发的序幕（Wu，1996；Wu and Yeh，1997）。到 20 世纪 80 年代末期，城市土地有偿使用制度和土地市场逐步建立，城市内部不同地段间的土地价值差异开始显现，相较于商业和居住等功能，工业生产对城市土地的竞租能力相对较弱，因此部分工业企业在土地价格约束下，开始"被迫"向城市边缘区转移，城市内部工业用地比例也大幅下降（Healey and Barrett，1990；江曼琦，1994；Ning and Yan，1995；周一星和孟延春，1997）。例如，随着工业企业的大量外迁，北京和广州等城市中心城区内工业用地比重分别由 1985 年的 20%和 1980 年的 38%下降到 1989 年的 16%和 27%，降幅不低于 20%（Gaubatz，1999）。

20 世纪 90 年代开始，随着浦东开发开放，开发区成为城市招商引资和中心区工业企业"退城进园"的主要载体，由地方政府主导的"开发区热"（zone fever）推动了城市工业的郊区化进程（张晓平和刘卫东，2003；Wei and Leung，2005）。尤其，伴随全球化影响，开发区凭借其政策优势成为经济发展的"孤岛"和新产业空间，吸引了越来越多的中心区退出企业及新进企业入驻，极大地改变了城市内部的工业用地格局（张晓平和陆大道，2002；王慧，2006）。例如，上海市先后在郊区建立了松江、莘庄等 9 个市级工业区，并对内环线以内的 884 个工业生产点进行调整，退出工业用地约 470 公顷（杨万钟，1997；曾刚，2001）。又如，始建于 1991 年的北京经济技术开发区在十多年的时间内，共承接了市区外迁的 6 家大中型制造业企业，腾出主城区工业用地约 60 公顷，占北京市工业布局调整规划总面积的 1/10（郑国和周一星，2006）。

21 世纪以后，公众对城市环境质量和服务功能要求不断提高，城市政府也积极推进城市中心区产业"退二进三"，在城市市域范围内逐渐形成了"服务业中心-制造业外围"的空间分工结构（冯健，2002；吕卫国和陈雯，2009）。改革开放 40 年快速发展带来的城市经济、社会、生态等全方面隐性危机逐渐显现，长期依赖"土地红利"的增长型城镇化发展模式也将面临"终结"（张京祥等，2013；邹兵，2015）。盘活城市存量用地，释放闲置和低效用地的潜力，成为破解城市发展所面临土地资源约束的重要路径之一（陈浩等，2015）。2013 年，中央城镇化工作会议提出的六项重大任务，也都与城市存量用地的调整和管理有关（赵燕菁，2014）。从"增量扩张"向"存量挖潜"的规划转型，成为我国当前时期新型城镇化建设的关键（田莉等，2015；陈旭和赵民，2016）。

随着我国城市治理模式的创新发展，其内部存量工业用地调整越来越多地受到政府、市场等不同利益主体的共同影响（Zielke and Waibel，2014；张京祥和陈浩，2014）。在市场经济条件下，城市内部工业用地的利用效率往往低于商业、住宅等用地类型，导致存量工业用地与其潜在"最佳利用方式"之间存在一定规模的"租金剩余"或称"租隙"（rent gap），成为城市政府和工商资本参与存量工业用地调整的重要经济激励（Tian and Ma，2009；高波阳和刘卫东，2010）。而且，我国经济社会制度的特殊性，又使得存量工业用地的退出调整与更新改造困难重重，大量厂房闲置、低效甚至违法利用（朱介鸣，2001；高喆，2009；任绍斌，2011）。具体表现在：一是工业用地退出与更新改造不仅涉及政府、企业、公众等不同利益主体，还涉及中央和地方等多重套叠关系，多方权力与利益博弈困难，城市存量土地收储难、改造难、调整难，影响城市内部土地利用价值实现（潘德蓓，2012；杨笛韵，2015）；二是在我国城市内部许多工业用地是以行政划拨方式获得的，其划拨价格远低于商业用地的批租价格，在向批租用地转变过程中需要补交一定规模的土地出让金，成为影响存量工业用地调整的重要制度障碍（冯立和唐子来，2013）。因此，探讨转型期城市存量工业用地调整的过程与机理，对我国城市转型发展与空间重构的政策制定和理论研究都具有重要意义。

目前针对中国特殊转型制度背景的城市工业用地变化理论体系尚不完善，使得对城市内部存量工业用地调整过程与机理的认识面临较大挑战。这种挑战主要源自学者对存量工业用地调整研究视角与内涵界定的不同。现有关于城市内部工业用地变化的研究，大多流于对城市工业用地空间形态及其显性影响因素的表面分析（Gao et al.，2014a；杨笛韵，2015），而对企业内在驱动机制的探讨相对不足，导致对存量工业用地调整机理的认识不够深入。虽然，也有学者将企业区位变迁看作存量工业用地调整的"前置过程"和"实现路径"（胡晓玲等，2007；Yuan et al.，2014），但是这类研究仅是围绕企业自身的生产区位变迁展开，对这一过程中其他利益主体的影响考虑较少。因此，需要从微观视角来探究企业区位退出与工业用地调整之间的互动关系，通过分析不同利益主体间的多重博弈关系，更深刻认识城市存量工业用地调整的全过程。

综合以上理论与实践背景，本书以南京市为实证区域，从企业退出的微观视角探讨城市内部存量工业用地调整的过程与驱动机理，以期丰富我国城市用地及其空间研究的实证成果，对当前城市存量用地调整相关理论有所补充，并为南京及其他城市空间整合提供借鉴与参考。具体而言，本书重点研究以下问题：

第一，转型期南京城市内部工业企业的存量用地调整过程如何？

第二，不同的工业用地调整过程中会面临什么样的矛盾和问题？

第三，对于不同类型企业的用地调整，其驱动力在哪里？有何异同？

选择南京市为研究区域，主要基于以下考虑：第一，南京的工业发展历史悠久，是中国重要的工业城市；而且，南京还是全国范围内最早进行老工业区改造研究和实践的城市之一，在存量工业用地调整方面具有较好的基础（熊浩，2003；王柯，2010）。第二，作为长江三角洲北翼重要中心城市，南京服务业发展较快，加之20世纪90年代以来开发区建设加速，推动了市区产业"退二进三"，存量用地调整需求较大（吕卫国和陈雯，2009）。例如，1990～1998年，南京主城共搬迁污染企业 141 家，腾出用地 2.9 平方公里，其中 73%被用于房地产和其他第三产业开发（何流，2000）。此外，本人及课题组在南京具有较好研究积累与合作基础，尤其是在城市发展与工业变迁，以及自然、经济、社会等方面具有较好数据支撑，便于深入开展研究。本书在对市区制造业企业退出分析基础上，重点考察老城区的存量工业用地调整，一是因为老城区的存量工业用地调整较周边地区剧烈，代表性更强；二是因为老城区的存量工业用地调整进程明显早于周边郊区，对其调整规律的总结，在一定程度上可以为周边及其他城市郊县的企业搬迁与退出提供更多的启示。

1.2 研究思路与内容

1.2.1 研究思路

本书以南京市为例，采用定性与定量相结合的方法，通过追踪城市内部制造业企业退出及其用地调整的过程，探讨不同利益相关者间的多重博弈组合，以及由此产生的不同用地调整模式，从而揭示我国转型背景下城市存量工业用地调整的内在机制，为未来城市空间重构与工业布局调整提供科学引导。具体研究思路和技术路线如图 1.1 所示。

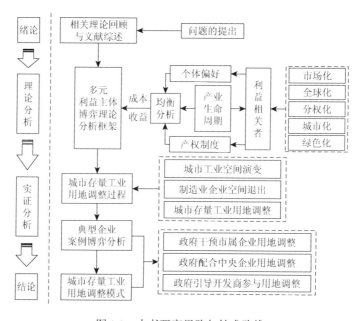

图 1.1　本书研究思路与技术路线

首先，构建转型时期中国城市存量工业用地调整的理论分析框架。在系统梳理已有研究基础上，界定城市内部存量工业用地调整的利益相关者，并对各利益相关者的成本与收益进行分析；然后结合我国特有的经济转型背景，分析市场化、分权化、全球化、城市化与绿色化等外部环境要素对工业用地调整的影响，重点分析各转型过程对不同利益相关者"成本-收益"的影响；进一步借鉴经济学的一般均衡理论，探讨工业用地调整的初始经济动因，以及由"产业生命周期"、"土地产权制度"、"主体利益偏好"等引起的三次均衡偏移；另外，基于不同利益主体在工业用地调整中的"成本-收益"关系，构建三种不同情境下的博弈分析模型，解释各主体在工业用地调整过程中的决策机制，以指导后续实证研究。

其次，追踪南京城市内部工业用地调整的过程特征。在梳理南京城市工业发展及其空间演替历程基础上，重点介绍 2000 年以来城市内部制造业空间变迁过程，以主要大中型企业为样本描述其空间退出过程，同时结合田野调查资料，对企业退出的主要影响因素进行讨论；进一步，根据用地调整的结果，对老城区企业用地调整过程中的空间与产权变更关系进行比较，划分不同用地调整类型，并通过对典型案例的质性分析，形成对工业用地不同调整类型的直观理解。

再次，讨论城市内部工业用地调整的驱动机理。基于前述理论分析框架，根据工业用地调整的过程特征，将其分为三种不同的模式；并进一步选择不同典型案例，采用归纳总结、实地调查与问卷访谈等研究方法，对工业用地调整所对应的主体博弈过程进行讨论，重点关注城市政府、业主企业与新开发商等不同利益主体的行为决策，在系统梳理各利益主体的收益与成本（风险）的基础上，对其多重博弈过程进行分析，从而验证或改进上述理论分析框架。

最后，在对实证分析结果进行总结基础上，归纳出城市工业用地调整的一般规律，并进一步讨论研究中的不足之处和未来研究展望。

1.2.2　研究方法

为回答上述科学问题，研究重点关注南京城市内部制造业企业退出及其用地调整的过程与驱动机理，利用经济普查数据、企业工商登记数据、城市土地利用数据以及实地调研访谈数据，采用一般理论分析与实证分析相结合、面上分析与个案分析相结合、定量分析与定性分析相结合的方法，深入揭示城市内部的企业用地调整现象。

1）理论演绎方法

通过阅读、整理相关文献，形成对工业用地调整的基本认识，并发现当前研究的不足之处；进一步，结合我国当前理论与实践需求，提出研究视角和研究重点。在此基础上，通过回顾经济区位理论、一般均衡理论、博弈理论等经典理论，分析工业用地调整的内部经济驱动及外部影响要素，构建转型期城市工业企业存量用地调整的理论分析框架。具体而言，本书主要采用空间叙事方法，以城市内部工业用地的空间变化而非时间变化为主要线索，讲述工业用地调整过程中的空间生产特征。虽然空间和时间有交替重叠的部分，或者说空间的变化是随着时间演进的，但是本书试图打破时间主轴而建立起空间变化的主轴。

2）实证分析方法

在理论分析基础上，运用实证主义研究方法，从具体案例入手分析工业用地的调整过程。贯穿全书的实证逻辑包括：一是转型期城市内部制造业企业是如何退出的；二是制造业退出之后的存量土地是如何调整的；三是存量用地调整过程中各利益主体之间是如何博弈的。遵循这一逻辑，本书采用的具体分析方法如下。

（1）随机抽样调查。针对典型的用地调整案例，对企业在岗或退休职工、业主企业管理人员、周边居民等主要利益参与者进行随机抽样调查，为深入的定量研究提供一手基础资料。

（2）深度个案访谈。通过对案例参与主体的多轮深度访谈，了解他们在存量工业用地调整过程中的角色定位、利益诉求、行为准则，以及相互之间的应对策略和互动关系。在个案访谈过程中，主要的访谈对象包括南京市发展和改革委员会、南京市规划局、秦淮区发展和改革局、鼓楼区国家大学科技园管理委员会等政府部门工作人员，南京市机电产业（集团）有限公司、金城集团有限公司、熊猫新兴软件园等企业①负责人，以及相关企业在岗或退休职工等。

（3）博弈模型建构。从微观视角解析工业用地调整过程中不同利益主体间的冲突与合作，根据实际情况对不同利益主体的成本收益进行假设，构建不同的博弈模型，从定量的角度对不同情境下的用地调整过程进行刻画，从而揭示转型期城市工业用地的不同调整类型的形成机理。

1.2.3　章节安排

按照以上研究思路，本书共分五大部分，具体安排如下。

第一部分为第 1 章，主要包括问题的提出、研究的思路与章节安排等内容。

第二部分包括第 2、3 章，主要研究综述与理论构建。其中，第 2 章为相关研究回顾与评述，主要对国内外相关理论与实证研究进展进行综述，包括企业退出及其用地调整等空间演变过程与机理研究；第 3 章为研究的框架构建与理论分析，主要基于中国特殊的经济转型背景，从不同利益相关者的成本-收益关系入手，通

①　本书主要关注城市内部工业企业退出过程及其后续用地调整过程，而且不同类型企业所经历的利益博弈关系存在较大差异，因此为方便读者对研究案例的深入理解，书中涉及大量企业背景介绍，但上述企业中的大部分均已不再从事相关市场经营活动。

过对工业用地调整的一般均衡过程及其修正的分析，构建基于不同情境的多重博弈模型，从而形成对工业用地调整过程的理论模拟。

第三部分包括第4~6章，关于企业空间退出及其用地调整过程的实证分析。第4、5章，在系统梳理南京市工业发展及其空间演替历程的基础上，对主城区内主要制造业企业的空间退出进行定量刻画，并分别采用描述性统计和田野调查的方法，对大中型企业与小微型企业的区位退出影响因素进行分析。第6章，选择明城墙以内老城区为研究区域，对企业退出后的存量工业用地调整过程进行追踪，并进一步根据工业用地的空间与产权重组情况，划分出不同的用地调整类型。

第四部分包括第7~9章，为工业用地调整驱动机理的实证分析。其中，第7章以南京电炉厂的推倒重建为典型案例，通过分析城市政府与业主企业之间的"讨价还价"博弈过程，揭示了"政府干预市属企业"情境下城市工业用地调整的驱动机理；第8章以金城集团的二次开发为典型案例，借鉴传统"智猪博弈"与"新智猪博弈"模型，揭示了"政府配合中央企业"情境下工业用地调整的驱动机理；第9章以莫愁洗衣机厂的空间转型为典型案例，通过分析新开发商、业主企业及城市政府之间的"三方博弈"过程，揭示了"政府引导开发商参与"情境下工业用地调整的驱动机理。

第五部分为第10章，为本书的结论与讨论，主要对研究的主要结论及转型期中国城市存量工业用地调整的一般规律进行总结，并对政策响应机制及可能的创新与不足进行评估，最后提出未来需要进一步深入研究的问题和方向。

第2章 相关研究回顾与评述

对城市工业企业退出及其用地调整相关文献的回顾是本书研究的重要前提和基础。本章主要从以下几个方面展开：首先，回顾企业退出与工业用地调整过程的相关研究，重点回顾中西方关于企业退出及用地调整研究的主要方法与发现；其次，通过理论发展脉络追踪有关工业空间演变与用地调整的驱动机理，重点关注传统区位理论、"行为转向"、"制度转向"和"演化转向"对企业区位变迁及其用地调整的解释；最后，对既有理论与实证研究进行总结和简要评述。

2.1 企业退出与工业用地调整过程研究

2.1.1 西方国家企业退出与工业用地调整

西方学者对城市内部企业退出与工业用地调整的研究，随着工业化和城市化进程的推进而不断深入。"二战"以前，西方城市工业处于扩张阶段，学者主要通过观察和描述的方法研究不同类型企业在城市内部的区位选择问题（Hall，1960；Scott，1982）。"二战"以后，西方国家开始大规模城市重建，原来位于城市中心的工业被安置在郊区，地理学开始关注城市内部的企业区位变迁及工业用地调整的问题（Mumford，1961）。特别是，随着服务经济发展，城市中心区的工业空间逐渐被商业和办公取代，工业郊区化成为人文地理学研究的热点（Kain，1968；Krumme，1969）。例如，Logan（1964）通过分析悉尼大都市区就业分布发现，1954~1961年城市核心区制造业从业人员减少17%，而外围三个圈层则分别有不同程度的增加。同时，已有研究还发现不同规模和行业的企业在郊区化过程中存在较大差异。例如，White（1976）发现规模较小的企业最先从市中心迁出，而大企业则更倾向于采取部分迁移策略；Steed（1973）发现1955~1965年大温哥华地区，在距离城市中心商务区（CBD）15分钟通勤范围内多数制造业行业的企业数量下降，16~35分钟通勤范围内钢铁、家具等制造业行业的企业数明显增加，36分钟通勤范围以外的制造业企业数量增长幅度较小。类似地，Molle（1977）发现1966~1973年阿姆斯特丹市的446家迁移企业中，造纸、钢铁、皮革和鞋服等行业的迁移比例较大，而烟草、电力、供水和公共设施等行业无明显迁移迹象。综上,西方国家早期的工业郊区化,主要是城市核心区的钢铁、化工、造纸等资本和污染密集型企业外迁,且主要迁往城市近郊区。

20 世纪 70 年代以后,随着西方城市工业郊区化进程的加速,其内部存量工业用地调整与老工业区改造成为学者新的研究焦点。在不同的历史背景下,城市内部工业用地调整的方式和参与主体各异,所表现出的主要特征也不尽相同(Edel,1972;Norton,1986;Turok,1992)。根据调整的方式,城市内部工业用地调整可以总结为推倒重建、空间保留和部分拆除三种类型(表 2.1)。其中,推倒重建是指城市为解决工业企业的厂房破败与用地闲置等问题,对其内部老工业建筑进行的大规模清理与重建。例如,伦敦、巴黎、伯明翰等早期的工业城市往往采取这种推倒重建的方式,虽然能够增加城市空间和改善城市环境,但一定程度上加剧了失业和贫困等社会问题(Jacobs,1961;Paris,1974)。空间保留是指以避免大规模拆建为前提,通过改善原有工业用地上的各项配套设施及周边环境质量,对空间进行重新利用。例如,利物浦阿尔伯特码头废弃之后,地方政府将废弃的厂房用地完全保留下来,并逐步改造成为独立画廊和艺术工作室的集中地(Parkinson,1988;Couch and Dennemann,2000);温哥华和布里斯托等城市利用原有的工业仓储空间发展文化创意产业(Hutton,2004a;Barnes and Hutton,2009)。部分拆除是介于推倒重建与空间保留的折中方式。例如,德国的鲁尔工业区改造计划,一方面,将部分代表性工业建筑或遗迹保留,改造为文化创意产业基地或博物展览场馆;另一方面,对闲置或不具有保留价值和保留条件的建筑,进行推倒重建(Twitchell,1981;Percy,2003)。

表 2.1　西方城市工业用地调整与老工业区改造的主要形式

形式	推倒重建	空间保留	部分拆除
目的	美学效果,恢复城市景观	优化社会资本,回应民权运动	可持续发展,因地制宜
主要特征	对工业用地上的老建筑进行的大规模清理与重建	改善原工业区内配套设施及环境质量,实现对空间的重新再利用	既有推倒重建的地段,也有空间保留的内容,是一种综合改造模式
优势	增加城市空间和改善物质环境	避免大规模拆建,衰败工业街区重新焕发活力	适用范围广,灵活性大
问题弊端	导致失业和贫困等社会问题加剧	对老工业空间要求高,需具有一定利用价值	保护与重建的矛盾冲突,更新过程中利益分配难
案例	伦敦、巴黎、伯明翰等城市战后重建	利物浦阿尔伯特码头区的再生	德国的鲁尔工业区的改造

资料来源:根据相关文献整理。

根据参与主体的不同,城市存量工业用地调整还可以分为政府主导、公私合作和多方参与三种（Turok，1992；Adair et al.，1999）。其中，政府主导式调整是由公共权力主导的自上而下的政府决策过程，多以恢复城市景观为直接目的，虽有私人部门参与其中，但这些部门仅扮演"施工者"的角色（Lipton，1977；McGreal et al.，2002）。公私合作式调整是由城市政府和市场主体共同主导的，以复兴经济而非单纯的景观恢复为目的（Carmon，1997，1999）。20 世纪 70 年代末，随着欧美国家经济"滞胀"，政府对旧城改造的干预能力下降，公私伙伴（private-public partnerships）式的更新改造成为发达国家城市工业用地更新的主流模式（Healey，1991；Ng，2002）。多方参与式调整则更加注重社区居民的参与，以及城市多样性、历史价值保护和可持续发展（Loftman and Nevin，1995；Jones and Watkins，1996）。例如，美国宾夕法尼亚州 Bethlehem 钢厂的更新，积极吸引原厂工人参与改造，将占厂区 1/3 面积的炼钢生产线改造为国家工业历史博物馆，并由原厂工人担任讲解人员（Taft，2013）。

2.1.2　中国城市企业退出与工业用地调整

比较而言，中国的工业化进程相对滞后，直到 20 世纪 90 年代末工业郊区化才在北京、上海、广州等大城市出现（Ning and Yan，1995；Zhou and Ma，2000；Feng and Zhou，2005）。受转型期特殊的经济社会背景影响，虽然中国城市工业郊区化与西方工业化国家有类似的空间过程，但也具有自己特殊的演变规律（周一星和孟延春，1997；Zhou and Ma，2000；Wei and Gu，2010）。例如，张文忠等（2002）、吕卫国和陈雯（2009）、张晓平和孙磊（2012）等研究发现，中国城市早期的工业郊区化以钢铁、化工、造纸等资本和污染密集型企业的近郊迁移为主，与 Logan（1964）和 Molle（1977）在悉尼和阿姆斯特丹观察到的现象类似。然而，楚波和梁进社（2007）、袁丰等（2010）、毕秀晶等（2011）的研究则发现，在北京、苏州、上海等城市，不仅污染型企业具有郊区化趋势，信息通信等高科技企业也具有强烈的郊区化冲动，尤其是向省级及以上开发区或城市新区的集聚。刘颖等（2014）对上虞市污染企业搬迁意愿的调查发现，虽然与大企业搬迁阻力不同，但小企业在郊区化过程中同样表现消极，只有中等规模企业的迁移意愿最强。孟延春（2000）对比不同所有制形式企业迁移决策后发现，市属企业向郊区迁移的比例最高，中央所属企业迁移比例较低，总体上国有企业外迁的比例高于集体企业。总之，中国城市内部企业迁移表现出的各种规律特征，与其产业类型、生产规模和所有制形式等属性息息相关（Gao and Yuan，2017）。

中国城市内部工业用地调整是与快速城镇化进程同步的，在高度"时空压缩"的内外环境下呈现出与西方工业化国家不同的路径与特征（阳建强，2000；

张京祥和陈浩，2012）。例如，宁波的制造业企业不断向城市外围迁移的同时，中心区工业用地被改造为高新技术产业区、居住区、公共活动区等非工业用途用地，工业郊区化与内城更新同步（王武科等，2011）。在沈阳铁西区，除少部分工业用地被用于原有企业的改造，其他工业用地被转变为市政基础设施、广场绿地、商服住宅、博物馆等非工业用途用地，城市工业用地的转型与再开发并存（薛冰等，2014）。除此之外，在上海、北京等地还出现了生态科技（富一凝，2014）、文化创意（Wang，2009；尹贻梅等，2011；Yin et al.，2015）等特色化工业空间更新改造路径。总之，在城市内部工业用地的不断退出与调整过程中，我国城市中心区并没有出现西方国家的大规模"空心化"趋势，而是伴随着金融、商贸和文化娱乐等功能的不断完善（陶希东和刘君德，2003；张平宇，2004）。

　　国内学者已经开始对城市内部工业用地调整及其更新改造模式进行探索。例如，高喆（2009）根据城市工业用地调整的参与主体差异，将其区分为正规更新和自主更新。其中，正规更新是指在国家"退二进三"政策的要求下，国有工业企业搬离城市中心，腾出土地由政府回收，进行城市再开发；而自主更新是指企业通过对其所属工业用地进行用途流转，以出租、联营、自营的方式获得非生产收益。类似地，冯立和唐子来（2013）根据是否变更用途和是否重建，将城市划拨工业用地更新划分为正式更新和非正式更新两类（表 2.2）；张盼盼等（2014）则根据工业用地退出过程中的功能置换特征，定义了发展新兴产业（都市工业和创意产业）和非生产性产业（房地产和公共开放空间）两种更新路径（表 2.3）。严若谷等（2011）通过对已有研究的梳理总结发现，我国城市更新的具体方法由早期单一的房地产主导型，逐步演化出旗舰项目激励型、大型赛事推动型、产业升级改造型以及其他多元化的更新形式。葛天阳等（2012）进一步从空间和功能更新的组合关系出发，将城市内部企业用地调整划分为用地更新、创新性再利用、保护性再利用、文物保护、产业复兴和不更新六种主要模式（图 2.1）。总之，转型期中国城市内部的工业用地调整既有借鉴西方先进经验的地方，也有不同于西方的独特创新。

表 2.2　中国城市内部工业企业划拨用地调整模式

是否变更用途	是否重建	
	不重建	重建
不变	不变更不重建（保持原状）	不变更但重建（不存在）
变更	不重建但变更（非正式更新）	既变更又重建（正式更新）

资料来源：冯立和唐子来（2013）。

表2.3　上海市中心城区工业用地退出发展历程

时间	退出路径	参与主体	运作方式
20世纪90年代	房地产开发、都市工业	政府主导、市场运作	经济体制变革，旧工业建筑大规模推倒重建，居民就地安置；发展"2.5产业"
2000年至今	现代服务业、公共开放空间	政府引导、市场运作、市民参与	市场经济下，小规模渐进式开发，关注社会效益

资料来源：张盼盼等（2014）。

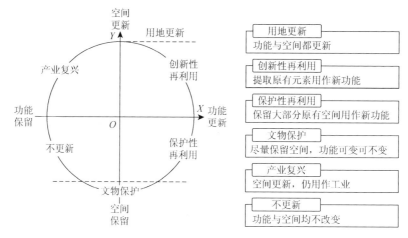

图2.1　基于空间与功能耦合的城市工业用地调整的模式识别

资料来源：葛天阳等（2012）

　　近年来，以信息技术为代表的"新经济"迅速崛起，一方面加快了发达国家城市内传统制造业的退出（Rogerson，2001；Hutton，2003；Hutton，2004b），另一方面也激发了城市新兴消费需求，促使某些工业企业重新回归城市中心（Scott，2001a）。如纽约、伦敦和东京等全球性城市，金融、传媒、咨询等高级服务业的发展，加大了对印刷等产业订制化和就近布局的需求（Sassen，2001）。除此之外，城市高收入群体的增加也进一步加大了订制家具、时装、珠宝首饰等个性化商品的特殊消费需求，使这部分企业在城市内部持续繁荣（Scott，2001b；Scott，2002）。特别是2008年金融危机以来，发达国家的"再工业化"浪潮推动了3D打印等个性化订制产业和技术密集型工业加速回归，对城市内部工业用地结构产生新的影响（Chou，2007；Hutton，2009；Rhie，2014）。

2.2　城市工业空间重构与用地调整机理研究

　　城市存量工业用地的调整必须以企业区位变迁为前提，因此学者对城市内部工业用地调整过程的解释，大多借鉴了企业区位变迁及其空间演变的理论。本节即遵循区位理论、行为转向、制度转向和演化转向等理论演进脉络，对城市内部工业空间演变与用地调整的相关研究进展进行综述。

2.2.1 区位理论对工业空间重构及用地调整的解释

自 20 世纪初韦伯的著作《工业区位论》问世以来，区位理论就开始关注土地、劳动力、运输费用等经济要素对企业区位变迁及其用地调整的影响。早期研究认为，企业选址的出发点是实现生产成本最小化和收益的最大化（Logan，1964；White，1976）。按照经济学的"成本-收益"分析框架，企业在城市特定区位上的利润低于所在行业的平均水平时，会做出市场退出或区位调整的战略决策（Smith，1966）。例如，Logan（1966）对悉尼制造业企业迁移的研究发现，原有空间不能满足生产扩张需求和生产成本上涨是影响城市内部企业迁移的两个最主要因素。Molle（1977）对阿姆斯特丹的研究也发现，企业迁移与否受工业用地的质量、价格、规模以及到市中心距离和基础设施配套等因素的影响。Smith（1966）根据企业空间收益与成本的相对关系，提出了"空间盈利边际"（the spatial margins to profitability）的概念，认为企业内部要素和外部环境的变化会导致"盈利空间"的调整，当企业位于"盈利空间"之外时，就需要通过区位迁移重新实现利润的最大化（图 2.2）。如图 2.3 所示，Pellenbarg（2005）进一步指出，对于城市内部企业区位调整的分析需要同时考虑企业退出与重新选址两个方面，城市工业空间

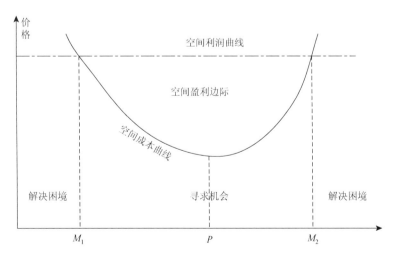

图 2.2 城市内部企业的"空间盈利边际"

资料来源：根据 Smith（1966）改绘

图中字母表示城市空间中的企业市场边界

演变是企业原址迁出"推力"与新址迁入"拉力"共同作用的结果（Lloyd and Dicken，1972；Brouwer et al.，2004）。

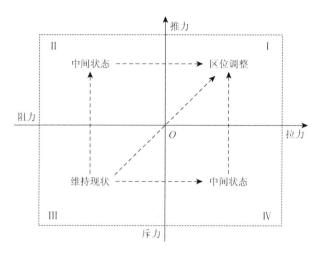

图 2.3　城市企业区位调整的"推拉阻斥"

资料来源：根据 Lloyd 和 Dicken（1972）、Brouwer 等（2004）改绘

与传统经济区位理论同源，Alonso（1964）在延续农业区位论基本假设的基础上，提出了城市土地"级差地租"的概念，认为不同城市功能对土地租金的支付能力和意愿存在较大差异，为学者解释城市内部工业用地调整机理提供了新的视角。例如，Rast（1999）研究发现，芝加哥内城的工业外迁是由于企业主动将占据良好区位的工业用地置换为商业、办公和高档住宅，以获得级差地租收益的结果。冯健（2002）和延善玉等（2007）基于杭州和沈阳的实证研究也表明，工业与第三产业在土地收益上的差异，是其从城市中心退出的最主要原因。杨菊萍和贾生华（2011）研究发现，相对于原材料和交通基础设施，土地、空间、租金对企业迁移的影响更大。张京祥和陈浩（2012）甚至认为，工业空间演变就是通过城市空间类型与区位置换来获取城市中心区与外围区土地级差地租收益，从而实现资本增值与积累的过程。

综上，基于经济区位理论的相关研究认为，生产成本与收益的变动是影响企业区位调整的主要因素，但学者对成本和收益的范围界定存在差异。近年来，随着产业区理论和新经济地理学理论的兴起，学者日益关注集聚经济等新要素对企业区位选择和迁移的影响（Becattini，1990；Krugman，1995；Fujita et al.，1997）。Erickson 和 Wasylenko（1980）研究发现，集聚经济与劳动力市场对企业郊区化的影响作用同等重要。Scott（1986a，1986b）研究发现，为了加强产业链不同环节的经济技术联系，降低交易成本，企业倾向于向前后向关联产业集聚的空间迁移。

楚波和梁进社（2007）基于离散有序因变量模型（OPM）对北京市制造业企业迁移影响研究发现,集聚经济会推动制造业企业迁往郊县工业园区。朱华晟等（2009）基于温州市灯具企业迁移的研究发现，发达地区在要素价格上的差距并不足以导致企业大规模退出，而同质产品竞争压力和核心技术瓶颈则成为企业迁移的重要内在动力，开放的地方生产和创新网络能够降低企业外迁的交易成本和潜在风险。

2.2.2　"行为转向"下工业空间重构与用地调整解释

20 世纪 50 年代末以后，随着行为主义在人文地理学研究中的兴起，部分学者开始反思传统区位理论中的"经济人"假设，转而研究"真实个人"的决策过程（Wolpert，1964；Scott，2000）。行为学派认为企业家在信息获取和处理能力有限的条件下，根据自身的空间感知选择满意的"次优区位"（Pred，1967），企业的用地调整就是一个以"解决企业发展困境"（problem solving）为主要目的的多阶段利益比选过程（Schmidt，1979；Pellenbarg et al.，2002）。例如，有学者提出了企业区位调整的五阶段决策模型，认为企业区位调整要经过刺激、问题确定、搜寻、方案制订与比较、决策与行动五个阶段（Townroe，1991）；也有学者把企业迁移的决策过程划分为定位、选择与谈判三个阶段，并认为区位条件、资源易得性、设施临近性、环境质量等空间要素在前两个阶段发挥了重要作用（Pellenbarg，2005）；还有学者认为企业迁移行为可以分为五个阶段，包括是否迁移的决策、可供选择区位的研究、可供选择的区位评估、新区位确定、区位评价和再评估（Hayter，1997）。

虽然学者对工业用地调整决策过程的划分有所差异，但他们都坚持企业家的个人行为对企业区位选择和迁移至关重要（Ellison，2006）。例如，Dicken 和 Lloyd（1978）基于曼彻斯特和默西赛德的研究发现，不同决策者对相同区位的"成本-收益"认识不同，从而会对企业区位调整做出不同决策，企业区位调整是企业家个人认知能力在空间上的体现。Ghosh 等（1995）基于纽约的实证研究发现，管理层对奢华建筑的偏好也会成为企业区位调整的重要原因。李王鸣等（2004）对乐清民营企业的研究发现，企业家的地缘感情是企业本地迁移决策的重要原因。Bosma（2009）基于荷兰等欧洲国家的研究指出，企业家的年龄、教育水平和家庭收入等因素会对其决策产生影响。鲁德银（2008）通过对全国十个省区中小企业迁移的比较研究发现，企业家是否受到足够尊重也是企业区位调整的原因之一。谭文柱（2012）基于宁波服装业的案例研究发现，企业家对地方知识的储备和分析能力，是影响企业区位调整的重要因素。总之，行为学派研究放宽了"经济人"假设，比传统区位理论更接近现实，但是其研究过分强调企业家行为，忽视了制度因素对城市内部企业用地调整的影响。

2.2.3 "制度转向"下工业空间重构与用地调整解释

20 世纪 70 年代，西方资本主义国家遭遇严重的经济危机，那些能够概括资本主义经济与社会危机的既有理论日益受到重视，人文地理学家不约而同地把目光投向了马克思主义的理论与实践（顾朝林，1994），从更广阔的社会和政治背景中去研究地理问题（Harvey，1978；顾朝林和刘海泳，1999）。在这一时期，城市空间演变被认为是特定经济社会关系的产物，因而基于新古典经济学、行为主义的理论研究对城市工业用地调整的解释失去了原有效用（Gottdiener，1993；Hayter，1997；沈建法，2000）。按照新马克思主义理论，资本主义生产方式对资本流动及再生产的需要是城市空间演变的主要动机（Harvey，1978）。Logan（1976）认为，老工业区改造更新受政治与经济精英的操纵，主要以追求土地的"交换价值"为目的。可见，地理学的"制度转向"为解释城市企业迁移与工业用地调整提供了崭新的视角（陈煊，2009；吴启焰，2011；王丰龙和刘云刚，2013）。

根据 Williamson（2000）的分类，制度要素包括社会嵌入性、制度环境和治理制度等不同的内涵。其中，社会嵌入性是指非正式制度、习俗规范和社会网络，是经济地理学制度转向的关注点；制度环境是指正式的游戏规则，包括宪法、法律和规章，以及政府机构及其权力分配；治理制度是指企业间交易的行为约束（史进和贺灿飞，2014）。在社会嵌入性方面，Brouwer 等（2004）认为企业的运营时间越长，与本地社会网络的联系程度越紧密，企业长距离迁移的成本增加，迁移概率也随之减小；而企业服务市场越广，其对地方的嵌入越弱，迁移成本越低，因此迁移的概率也越高。在制度环境方面，Greenbaum 和 Engberg（2004）与 Carlsen等（2005）的研究证实，政府提供的税收优惠、产业园区建设及低价工业用地供给，都会通过降低企业生产成本来改变迁入地的"拉力"，影响企业迁移决策；冯健（2002）对杭州的研究发现，20 世纪 80 年代工业郊区化的主要动机是出于对风景旅游区环境的保护，到 20 世纪 90 年代污染企业搬迁仍是工业郊区化的重要动力之一；高爽等（2012）基于无锡市区污染密集型制造业格局演变分析则发现，2003 年以前环境规制相关要素对企业区位选择影响并不显著，2003～2008 年环境规制才成为影响污染密集型制造业区位的重要因子。在治理制度方面，史进和贺灿飞（2014）研究认为，地方保护主义等进入管制会降低区域市场的竞争程度，从而减少城市内现有企业的退出；孟延春（2000）的研究发现，城市政府在与不同所有制形式企业谈判时能力存在差异，导致集体和中央所属企业的郊区化进程明显滞后于市属国有企业；徐雷（2013）则认为企业不会自发地向郊区迁移，集聚区的迁移必须依赖政府的干预。而且，由于中国的城市土地归国家所有，任何城市用地的功能调整都必须有土地的所有者（国家）或其代理人（城市政府）参与其中。因此，政府的政策和制度变迁对于中国城市内部企业用地调整过程的影响远比西方国家大得多。

　　首先，城市用地的功能是企业与地方或中央政府就土地价格、税收与补贴、基础设施和其他关键要素谈判的结果（王业强，2007）。张庭伟（2001）通过对 20 世纪 90 年代以来中国城市空间演变过程进行研究发现，在社会主义市场经济条件下，没有一个单一的力可以完全决定城市用地的功能，城市内部存量用地的形成和变化是城市内部、外部各种社会力量相互作用的物质空间反映（图 2.4（a））。吴良镛（1993）把我国城市内部存量用地的更新改造形象地归结为三个"积极性"的推动，即开发商的积极性、老百姓的积极性和市长的积极性。

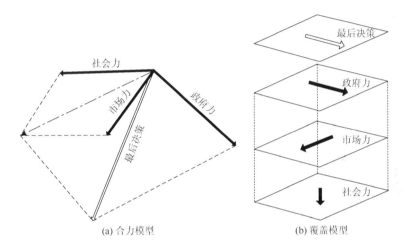

(a) 合力模型　　　　　　　　　　(b) 覆盖模型

图 2.4　城市存量用地调整的合力与覆盖模型

资料来源：张庭伟（2001）

　　其次，长期以来政府在资源配置中的主导地位，导致企业只能在政府的制度设计框架内进行资源配置，即政府对城市内部存量用地调整的影响明显大于市场与社会（图 2.4（b））。例如，冯健（2002）对杭州市工业郊区化的研究发现，在企业搬迁过程中地方政府领导出于对地方经济和税收的考虑，往往会直接干预企业区位行为，影响企业做出近距离区内搬迁的短视决策。高波阳和刘卫东（2010）的研究也指出，在制造业郊区化的初期，政府推动是引发北京市制造业企业向远近郊区搬迁的主导因素。周婕和王玲（2004）的研究甚至认为，中国城市工业用地从形成到调整的整个过程都是由政府主导的，其中土地使用制度和环境规制政策是工业用地形成与调整的外在激励和内部驱动，而各项税收优惠和规划机制则构成了工业用地调整的加速剂和隐形牵引。罗超（2015）发现城市营销和策划创造的城市事件是推动老工业用地更新的重要"触媒"。周敏等（2014）基于新制度经济学视角，构建了城市空间重构的"综合干预模型"，认为制度变迁是城市空间功能重组的根本动因，而且影响城市空间功能重组的主体包括政府、市场与社会，三者各自掌控不同的资源，在土地"征收-出让-开发"过程中，共同围绕对"土地租金剩余"分配这一利益核心的争夺形成对城市内部存量用地调整的综合干预作用（图 2.5）。类似地，黄耿志和薛德升（2013）以广州水泥厂为案例的研究也表明，居民反对和媒体舆论效应加强了社会和政府施加于企业的压力，迫使企业做出环境行为响应；人大代表借助对政府的督促作用推进了企业做出搬迁决策的过程；政府在社会、政治压力与政治经济效益的驱动下，对企业搬迁实施发挥了引导、协助作用。

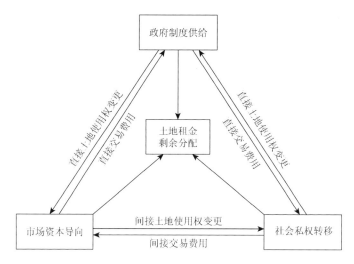

图 2.5　城市存量用地调整的综合干预模型

资料来源：周敏等（2014）

最后，由于产权安排对资源优化配置的影响，纵使政府有意对企业用地进行调整，部分城市工业用地依然会面临着无法"退出"的制度困境（冯立和唐子来，2013）。因为，我国城市内部许多工业用地属于计划经济时期遗留的划拨用地，这类用地的所有权、使用权、收益权、处置权等归属于不同主体，这样的"模糊产权"会使资源的重新配置过程就产生高昂的交易成本（朱介鸣，2001；卢现祥和朱巧玲，2007）。而作为既得利益者的划拨工业用地使用者，不愿支付由此产生的各项交易费用，政企双方因此很难就工业用地退出达成共识（冯立和唐子来，2013；温晓诣，2015）。而对于非划拨用地使用者，更不会轻易放弃其通过协议或者"招拍挂"方式获得的城市土地使用权，往往要求政府支付高额的补偿金，以平衡因搬迁或退出而产生的各项成本与收益损失（赵燕菁，2005）。

2.2.4   "演化转向"下工业空间重构与用地调整解释

2000 年以后，经济地理学家开始借鉴演化经济学的概念与方法来研究城市内部的工业空间演变及其用地调整过程，并认为"路径依赖"（path-dependence）和"空间锁定"（spatial lock-ins）是影响城市与区域产业布局及其空间演变的重要因素（Todtling and Trippl，2004；van Wissen and Schutjens，2005；Wei et al.，2007；Boschma and Frenken，2011；Yang et al.，2016）。

演化经济地理学理论认为区位转移是企业突破"路径依赖"和"空间锁定"的战略决策（Hadjimichali，2006；Wei et al.，2007）。德国学者 Grabher（1993）通过对鲁尔工业区衰退现象的研究指出，企业和相关机构的"政治性锁定"、"功能性锁定"和"认知性锁定"，是阻碍老工业区创新和工业用地调整的重要因素。Schamp（2005）以德国皮尔马森斯制鞋工业区转型为例，认为"地点锁定"（place lock-in）的企业倾向于"原址易业"式的产业转型，而"部门锁定"（sector lock-in）的企业则更多选择"原业易址"的区位调整。尹贻梅等（2011）对北京石景山老工业区的研究认为，我国老工业区面临由计划经济向社会主义市场经济转轨所带来的重大外部制度突变，是促进城市内部工业用地调整的重要动力。总之，伴随城市经济系统的动态演化，企业在生产工艺、技术创新和管理组织等方面的"空间锁定"和"路径依赖"导致了传统工业空间的衰落，而企业和政府则通过技术革新和政策创新等手段实现城市工业空间转型和土地利用功能重组（Coenen et al.，2015；Østergaard and Park，2015）。

除此之外，企业组织、技术与制度的"协同演化"（co-evolution）也是城市内部工业空间演变与用地调整的重要原因（苗长虹和魏也华，2009；Simmie and Martin，2010）。Chiarvesio 等（2010）认为全球生产网络（global production network，GPN）与地方生产网络在产品市场、技术创新等方面具有相互促进作用，二者的协同演化会通过企业衍生与分工深化，促进城市内部的工业空间演变及用地调整。也有学者强调本地信息与全球知识网络的高水平互动，能够提升企业的创新活力与开放水平，从而加速产业区的"路径创造"（path-creation）和城市内部企业用地调整（Bathelt et al.，2004；Wolfe and Gertler，2004）。袁丰和李丹丹（2014）基于辽宁佟二堡皮革产业研究发现，制造集群与专业市场在产业规模、组织方式和产业分工方面的共同演化，同时伴随着工业空间的演变。总之，随着社会劳动分工和知识创造的深入，生产技术、网络组织及制度环境也处在不断的演化中，而城市工业空间演变及其用地调整就是三者互动过程的空间投影（Schamp，2010；Wal and Boschma，2011）。

2.3 本 章 小 结

虽然不同理论流派的基本假设与研究重点各异,但研究的出发点具有一定的相似性。无论城市内部制造业企业的区位变迁,还是存量工业用地的功能重组,都是各利益相关者"趋利避害"的博弈与合作过程,不同理论流派之间相互放宽假设或增加变量,以不断逼近城市工业空间重构的现实过程(表2.4)。总之,现有研究已取得一定进展,并得出了许多有价值的结论和认识。但也应该看到,城市内部企业区位变迁及其用地调整的研究是一个需要不断深化的问题。基于现有研究和中国转型期的特殊背景,至少还有以下三个方面值得进一步深入探讨。

表2.4 工业空间重构与用地调整研究相关的四大理论流派

	传统区位理论	行为主义	政治经济学	演化经济地理
关键概念	成本、收益	信息、能力、感知	嵌入型、制度环境、治理制度	惯例、创新、竞争
决策主体	有"经济人"特点的黑箱	有限理性的企业家	各利益相关者	历史惯性与市场环境
研究重点	最优区位	决策过程	企业与制度环境的互动	路径依赖与空间锁定
影响因素	经济区位因素	企业家偏好	制度因素	历史因素
分析方法	解释模型	半结构访谈	经验分析	问卷调查
主要缺陷	假设条件过于苛刻	过分强调人的作用	对不同制度背景的解释差异较大	对企业迁移的解释仍属发展早期

资料来源:作者根据相关文献整理。

第一,经济地理学的区位理论着重研究了城市内部企业的空间退出及其影响因素,对企业退出之后的用地调整问题关注相对较少;而城市地理学的研究则更多关注城市整体用地结构变化的问题,对存量用地调整过程中政府与企业之间利益博弈与决策行为的讨论较少。但是,实际的城市存量工业用地调整,既涉及用地企业的区位搬迁与退出等前置过程,也包含对工业用地自身功能的置换与更新等。目前,这种割裂的研究思路既不能对城市存量工业用地调整过程形成全面认识,也不利于对其背后驱动机理的深入理解。因此,对城市存量工业用地调整过程的认识,更需要从"企业空间退出"的微观视角探究动因,将企业退出分析纳入存量工业用地调整研究的全过程。

第二,现有研究大多认为城市存量工业用地调整是政府或企业在对土地经营成本与收益进行权衡后做出的"理性"决策(张京祥等,2006)。但是,如果简单地将其理解为地方行政长官或企业主的个人决策,城市内部就不会或较少存在低效用地的情况，然而事实并非如此。所以说，中国城市内部存量工业用地调整的驱动机理远非"经济人"的理性决策这么简单。尤其，在市场经济语境下，城市土地不仅是社会生产过程赖以生存的场所，而且是资本循环的源泉或载体，存量用地的调整明显受到资本积累过程的影响（吴启焰，2011）。从本质上说，城市内部存量工业用地的调整就是空间再生产的过程，是城市政府、工商资本和其他各利益相关者通过不断博弈，实现资本增值与积累的过程（Castells and Lebas，1978；叶林，2013）。因此，对城市内部存量工业用地调整类型与模式的分析，可以借鉴西方政治经济学的理论视角，在"成本-收益"分析基础上，考虑资本与权力之间的多重博弈关系，通过对不同利益主体"成本-收益"要素的比较分析，识别存量工业用地调整的类型与模式。

　　第三，现有城市发展理论大多缘起于西方资本主义社会，在解释中国的实际问题时都会面临适用性的挑战（Wei，2007；Wu，2016）。尤其，在中国特殊的制度背景下，参与城市存量用地调整的各利益主体间的关系远比西方国家复杂。例如，作为市场主体的企业可以分为"国有企业"、"集体企业"和"私营企业"等不同所有制形式，其中"国有企业"又包括"中央企业"和"地方国有企业"等，即用地调整中的同类利益主体之间也会存在一定异质性特征，这就导致在不同博弈情境中的同类主体会根据实际做出不同的策略选择（Zhang et al.，2014）。而且，我国城市内部有许多工业用地以无偿划拨方式获得，与批租用地一起构成城市的"双重土地市场"，导致城市土地无法在"双重市场"之间实现无交易费用的直接转化，而是需要在调整过程中补交土地出让金以弥补差价（Zhu，1994；朱介鸣，2000）。因此，对转型时期中国城市内部企业用地调整机理的研究，需要突破西方传统理论的固有思维模式，构建一个适用于中国实际的理论分析框架。

第3章　中国城市存量工业用地调整的理论分析

本章试图基于利益相关者分析视角，借鉴城市经济学与博弈论等相关理论，结合市场化、分权化、全球化、城市化与绿色化等背景，构建解释转型期中国城市内部存量工业用地调整的理论分析框架。首先，界定工业用地调整的利益相关者，并对各利益相关者的"成本-收益"进行分析；其次，结合中国的经济转型背景，对影响工业用地调整的外部环境因素进行分析；在此基础上，构建三种不同的博弈分析模型，解释不同利益主体在工业用地调整过程中的策略选择，以指导后续实证研究。

3.1　基于利益相关者的"成本-收益"一般分析

城市存量工业用地调整是打破原有利益格局，建立新的利益平衡的过程，通常会涉及政府、企业、社会公众等不同利益相关者，而具有不同利益诉求的各主体对工业用地调整的作用机制各异（赵艳莉，2012）。因此，对不同利益相关者的识别及其"成本-收益"的辨析是解释城市存量工业用地调整驱动机理的重要基础（Gao et al.，2017）。

3.1.1　利益相关者识别

利益相关者（stakeholder）是指与企业或组织核心经济利益直接相关，影响企业或组织目标实现，或者能够被企业或组织目标实现过程影响的任何个人或群体（Freeman and Reed，1983）。追求利益最大化是经济社会活动产生的初始动力，也是各利益相关者行为决策的根本目标。但是，城市土地利用主体的多样化、各自利益偏好的差异性，以及满足需求所需资源的稀缺性和有限性等特征，导致在多元利益的整合、利益的分配和再分配中存在着复杂的主体冲突与矛盾。因此，工业用地调整的关键就是要分析不同主体的利益诉求，寻找各利益主体间的利益契合点和利益整合机制，这也是用地调整能否顺利进行的关键所在。

工业用地调整过程中的利益相关者是指对工业用地变化具有直接或间接利害关系的所有个人、群体和组织，具体包括城市政府、区（县）政府、业主企业、新开发商、企业员工、非政府组织（NGO）和周边居民等，为便于分析本书将其归并为政府主体、市场主体和社会公众三大类。如表 3.1 所示，作为公共物品的供给者，城市政府在工业用地调整过程中的主要利益诉求是维护社会公平正义、改善城市生态环境，以及地方政绩考核，具体表现为积极促进城市产业转型升级、引导城市低效工业用地的再开发、提高城市基础设施配套服务水平、要求污染企业搬迁改造等；而作为城市空间的最直接管理者，区（县）及更下一级政府的利益诉求并不与市级政府完全相同，主要表现为促进辖区经济发展、维护社会和谐稳定，并获得上级城市政府的肯定与辖区公众的认可等。作为完全的市场主体，业主企业的利益诉求主要是获取最大化的土地收益、妥善安置企业员工、获得搬迁的经济补偿及新的发展机会等；而新开发商在现状条件下与存量用地没有直接关系，因此其利益诉求仅限于对未来投资回报的渴望，以及对可能的发展机会的追求等。企业员工、周边居民、通勤保障、非政府组织等社会公众作为工业用地调整的间接参与主体，其利益诉求主要有就业保障、环境改善、社会公平等方面。除此之外，各利益相关者还分别掌握着一系列的资本要素与权力工具，以构成各自参与谈判的筹码，与其他利益主体进行博弈，实现自身利益的最大化。

表 3.1　存量工业用地调整的利益相关者诉求及其"谈判筹码"

利益主体		利益诉求	谈判筹码（资本与权力组合）
政府主体	市级政府	经济发展、社会公平、政绩考核、环境改善等	土地所有权、行政权力、公共投资、规划引导、税收政策等
	区级政府	经济发展、社会稳定、政绩考核、公众认可等	公共服务、配套设施等
市场主体	业主企业	土地增值、员工安置、经济补偿、发展机会等	土地使用权、厂房设备、货币资本、所代表利益集团的权力等
	新开发商	投资回报、发展机会等	直接货币投资、技术转让、管理经验、所代表利益集团的权力等
社会公众	企业员工	就业保障、通勤保障	监督、施压、游说等
	市民、非政府组织	环境改善、社会公平	上访、游说、曝光等

注：虽然不同层级政府的利益诉求不完全一致，但是由于政府之间具有明确的行政隶属与管控关系，最终区县及其下级政府将作为上级城市政府的代言人参与谈判，因此后面内容分析基于城市政府的无差别化假设。

不同的利益相关者的利益诉求有所差异，所掌握的"谈判筹码"也不尽相同，因此在工业用地调整过程中的互动关系也不可能完全对等。如图 3.1 所示，作为土地所有权的拥有者，城市政府可以通过调整产业及用地政策对业主企业的生产经营行为施加干预，甚至直接参与或引导某些国有企业的生产经营活动；如果有新开发商进入，城市政府的行为策略通常表现为"利用"，一方面利用新开发商"排挤"业主企业，另一方面利用新开发商提供的金融资本推动工业用地进行更新改造。而在市场经济条件下，政府对企业的影响和干预也要支付一定成本，包括提供给业主企业的补偿（通常由新开发商代为支付）和给新开发商的各种税费优惠（如税收减免、土地出让优惠等）。业主企业手中握有存量工业用地的使用权，其行为决策往往表现为对政府决策的"反抗"和与新开发商的"竞争"。其中，"反抗"主要体现为要求城市政府提供高额的补偿金及安置费用等，"竞争"则主要指对工业用地使用权的争夺等。而新开发商掌握的金融资本是其参与用地调整的最主要工具，一方面新开发商通过直接投资与城市政府形成"联盟"（coalition），另一方面新开发商还会代替城市政府向业主企业支付补偿金。

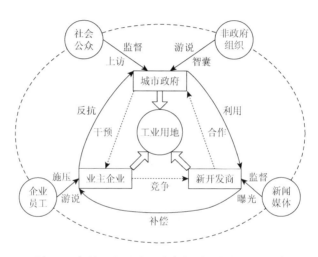

图 3.1　存量工业用地调整中各利益主体互动关系

　　在没有新开发商进入时，一种情况是由城市政府承担新开发商的开发职能，其与业主企业之间的"干预"与"反抗"关系依然存在，同时增加了对业主企业的"补偿"以及二者对于土地增值收益的"竞争"；另一种情况则是由业主企业自主完成开发，其与城市政府之间的"反抗"与"干预"关系转变为"合作"与"利用"。在此过程中，原业主企业员工、社会公众、新闻媒体及非政府组织等因为不具备参与谈判的良好途径，只能通过上访、监督、曝光等各种非正式途径对直接参与博弈的行为主体施压，以在某种程度上影响其行为决策。

3.1.2 "成本-收益"辨析

　　追求自身综合效益最大化是各利益主体行为决策的最根本目标，也是影响城市内部各种经济社会活动的重要因素。所以说，存量工业用地调整实质上也是不同利益相关者权衡各自成本与收益进行决策的结果。

1）成本分析

各利益相关者所掌握的资本与权力组合有所差异，因此工业用地调整过程中的成本也不尽相同（表 3.2）。

表 3.2　存量工业用地调整过程中各利益相关者的成本分析

利益主体		成本
城市政府	搬迁补偿	支付给搬迁企业的货币补偿或郊区土地出让优惠，建筑物拆除改造及场地平整等工程性投入
	基础建设	基础设施、公共服务设施、市政公用设施建设等方面投入
	环境治理	企业用地的污染土壤修复、环境设施建设等
	社会服务	搬迁企业员工的养老、医疗、失业等社会保障，周边居民的安置与补偿
	管理政策	招引新开发商进入的成本，对新进驻企业在人才引进、科技创新、产业升级、节能减排等方面的政策性补贴和奖励
	机会成本	土地利用调整可能造成的发展机会损失
业主企业	土地使用权丧失	工业用地使用权被政府收回或被新开发商收购带来的增值收益丧失
	固定资产清理	厂房拆除或改造、设备清算等带来的资产流失
	员工安置	对原在厂职工的失业补偿、生活安置等
	机会成本	用地退出可能带来的发展机会损失
新开发商	固定资产	获取土地使用权需要支付的土地出让金、厂区建设或改造需要的其他固定资产投入等
	补交土地出让金	在获取工业用地使用权，并改变其用地性质时需要支付的土地价格差值
	拆迁安置	对原业主企业及其员工的货币补偿
	机会成本	投资失败的风险成本、其他投资机会的损失

首先，城市政府（包括不同层级政府）的成本主要有搬迁补偿、基础建设、环境治理、社会服务、管理政策及机会成本等。其中，搬迁补偿成本主要为补偿给原用地企业的货币投入或郊区土地出让优惠，以及原有建筑物拆除改造与场地平整等工程性投入；基础建设成本包含被征用土地周边基础设施、公共服务设施、市政公用设施的建设费用等；环境治理成本包含污染土壤修复、环境设施建设等成本；社会服务成本包含对退出企业的员工养老、医疗、失业等社会保障方面投入，以及周边居民的安置与补偿；管理政策成本包含招引新开发商进入的成本，以及对新进驻企业在人才引进、科技创新、产业升级、节能减排等方面的政策性补贴和奖励等；机会成本则主要指政府在用地调整过程中可能面临的发展机会损失等。

其次，业主企业的成本主要有土地使用权丧失、固定资产清理、员工安置和机会成本等。其中，土地使用权丧失成本是业主企业最大的成本来源，也是其用地调整的关键，主要指工业用地使用权被政府收回或被新开发商收购带来的增值收益的丧失；固定资产清理成本包含对企业原有厂房的拆除或改造、设备清算等带来的资产流失；员工安置成本包括对原在厂职工的失业补偿、生活安置等；机会成本同样意味着企业用地退出可能带来的发展机会损失等。相比之下，新开发商的成本主要有固定资产、补交土地出让金、拆迁安置及机会成本等。其中，固定资产成本指获取土地使用权支付的土地出让金、厂区建设或改造需要的其他固定资产投入等；补交土地出让金成本则指在获取工业用地使用权，并改变其用地性质时需要支付的土地价格差值；拆迁安置成本主要是指对原业主企业及其员工的货币补偿；机会成本主要指该项投资失败的风险成本，以及其他投资机会的损失等。

2）收益分析

由于不同的利益相关者存在多样化的利益诉求，其具体收益的差异性也较为显著（表 3.3）。

表 3.3　存量工业用地调整过程中各利益相关者的收益分析

利益主体		收益
城市政府	经济收益	土地出让金、新开发商的高额税收、产业转型机会等
	政绩收益	GDP、投资考核、官员升迁、上级肯定等
	环境收益	工业污染减少、城市景观美化等
	社会收益	社会稳定、居民生活改善、公众认可等
业主企业	经济补偿	工业用地退出获得货币补偿等
	危机消除	企业负担转移、生产危机转嫁、获得新的发展机会等
	环境改善	生产环境改善、生活环境改善等
新开发商	投资机会	土地使用权所带来的投资经营机会
	资产扩张	土地、厂房等固定资产的增加

首先，城市政府的收益体现在经济收益、政绩收益、环境收益和社会收益等方面。其中，经济收益主要指财政收入（税收、土地出让金等），以及工业用地置换带来的产业转型机会等；政绩收益指国内生产总值（GDP）、投资考核与官员升迁，以及上级部门或政府的肯定等；环境收益指工业退出带来的污染减少、城市改造带来的景观美化等；社会收益主要包括用地调整促进社会稳定与居民生活改善，以及由此带来的公众认可等。

其次，业主企业的收益主要体现在经济补偿、危机消除和环境改善等方面。其中，经济补偿主要指企业因放弃工业用地使用权而获得的货币补偿等；危机消除则主要指企业摆脱所面临的经营困难，同时搬迁或重组还为企业创造新的发展机会等；环境改善主要指企业生产环境与员工生活环境的改善。而新开发商的收益主要体现在投资机会、资产扩张方面。其中，投资机会主要指获得新的土地使用权所带来的投资经营机会；资产扩张则体现为土地、厂房等固定资产的增加等。总之，在存量工业用地的调整过程中，城市政府、业主企业、新开发商等具有不同利益诉求的决策主体的成本与收益关系各异。随着城市发展外部环境的变化，各利益主体均会按照自身利益最大化原则做出响应，而各主体间响应方式与程度的差异即形成不同用地调整模式与类型。

3.2　外部环境要素的影响分析

城市并非是孤立、封闭的系统，其内部包括土地利用在内的各种经济社会活动都必然受到外部环境影响。因此，对于存量工业用地调整的研究，需要首先考虑外部环境要素对各主体行为的影响（He et al.，2008；贺灿飞等，2008）。特别是，在中国特殊的经济转型背景下，各利益主体对于市场化、分权化、全球化、城市化、绿色化等过程的响应，在重构城市经济地理过程的同时，也极大地调整和改变着城市内部的土地利用结构（Wei，2000，2001；袁丰等，2012）。

3.2.1　市场化与工业用地调整

改革开放以前，中国实行计划经济体制，国家需要是政府实行资源配置的最主要依据，企业既没有强烈动机追求利润最大化，也无须承担相应经济责任和风险，因此城市内部工业企业布局也较少考虑区位和比较优势（Wen，2004；贺灿飞等，2008）。当时，以"单位"为基本单元的行政力量，成为塑造城市用地空间的主体，各单位内部形成"小而全"的混合土地利用结构，城市土地利用效率也相对较低（Zhang and Chai，2014；柴彦威等，2007）。20 世纪 70 年代末开始，随着市场竞争机制的引入，政府对要素流动与商品贸易的各项限制也被逐步取消，企业成为自主经营的市场主体，并获得了在生产经营、产品销售、产品定价等方面自主决策的权力（秦波，2012）。当面对激烈的市场竞争时，企业尤其是非公有制企业不得不考虑比较优势，其区位选择也更加强调成本和比较收益（袁丰，2016）。换言之，市场化改革确立的包括供求机制、价格机制、竞争机制和风险机制在内的经济运行机制，在保证各种生产要素和产品自由流动的同时，也增强了企业获取利润的内在动力，在一定程度上推动企业寻求利润最大化的生产区位的要求，极大地促进了中国城市内部工业空间的重构及用地格局的转变。

与此同时，伴随计划经济向市场经济的转轨，从无偿无限期到有偿使用的城市土地市场制度也逐步完善，并成为影响城市土地利用的另一重要因素（Ding and

Zhao，2014；Gao et al.，2014a）。按照城市土地的竞标地租，由城市中心商务区向外用地类型依次为商业、住宅、工业和一般农业。但是，计划经济时期的城市土地供给方式为无偿无限期划拨，导致土地"级差地租收益"无法发挥应有作用，城市中心区的部分优势土地被收益率相对较低的工业占有（Lin and Ho，2005；Ma，2004；吴炳怀，1998）。20世纪80年代末以后，土地有偿使用制度加速了土地市场化改革进程，"级差地租收益"逐渐成为影响城市内部土地利用结构的重要因子（Gao et al.，2014a；郭付友等，2014）。随着市场经济体制不断完善，城市内部工业企业越来越难以适应新的发展需要，工业用地置换的压力也空前增加（曾刚，2001）。而且，在城市内部工业用地的置换过程中，地方政府既能获得高额土地租金增值，还可以通过优化土地利用方式，减少城区环境污染，因此其对促进企业用地调整也表现出较大积极性（Gao et al.，2014a）。

综上分析，市场化改革的不断深入可能增加城市政府对退出企业的补偿成本，但同时能为城市政府带来更大规模的土地出让金和税收收入。在市场化条件下业主企业退出面临的员工安置成本可能会有所增加，但获得的政府或新开发商提供的经济补偿收益也会同步增加，从市中心退出还能通过降低生产运营成本增加收益，降低企业运营风险。对新开发商而言，市场竞争机制在一定程度上增加了土地出让成本与拆迁安置成本，但同时使其获得更大的资产增值空间和更好预期回报；市场化运行机制还能在一定程度上提高新进入开发商的门槛压力，从而减少城市产业转型风险与政府决策的机会成本。伴随经济转型的市场化改革改变了政府与企业等不同利益主体的"成本-收益"关系，从而影响城市存量工业用地的退出与调整（表3.4）。

表3.4　市场化对不同利益相关者"成本-收益"的影响

利益相关者	成本	收益
城市政府	产业转型风险与机会成本降低，补偿成本增加	土地出让金增加，税收增加
业主企业	生产运营成本降低，员工安置成本增加	经济补偿收益增加
新开发商	固定资产投资增加，拆迁安置成本增加，机会成本增加	企业资产加速增值，预期的投资回报增加，发展环境优化

3.2.2　分权化与工业用地调整

中国经济转型的另一重要内容就是由中央向地方的分权，这一分权过程在赋予城市政府更多行政裁决权力的同时，也给地方留下了更多的经济发展责任，中央和地方政府在财权和事权上建立了一种明确的"承包"关系，而且这种承包体制广泛地复制于从中央到省及以下各个层级的府际关系中（张京祥和陈浩，2014；Gao et al.，2014b；Wei and Gu，2010）。1994 年分税制改革之后，受"政治集权"与"财政分权"的双重影响，城市政府对地方经济的干预和企业化行为被大大激发，政府通过市场准入、土地供给、税收优惠、基础设施建设等政策优势影响企业区位决策（Gao and Yuan，2017；高金龙和陈雯，2017）。20 世纪 90 年代兴起的开发区建设热潮所形成的政策高地，吸引大量制造业企业在其中集聚；而企业集聚带来的规模和溢出效益，又会吸引城市内部制造业企业向外迁移，进一步加速企业用地调整（高金龙等，2017）。

在分权化过程中，城市政府不仅面临来自同级政府的"兄弟竞争"，还面临来自上级政府的"父子博弈"，不同层级政府间的利益诉求发生高度分化（张京祥和陈浩，2014；王美今等，2010）。随着中国经济转型步伐的加速，相对滞后的政治体制转变加剧了"行政区经济"（jurisdictional economy）对城市空间利用方式的影响（Zhang and Wu，2006；Liu et al.，2012）。例如，受中国特有政绩考核体制影响，城市内部县区政府具有强烈的经济发展冲动，往往会积极吸引产业在辖区内集聚。随着城市资源环境矛盾的不断激化，县区政府又常常迫于上级城市政府压力而不得不进行产业调整，改变原有的产业空间格局（袁丰等，2012）。而且，在具体的内城改造过程中，不同层级政府在利益诉求上的差异，也会影响其参与工业用地转变的程度（Yang and Chang，2007）。例如，城市政府从公共服务与城市环境角度出发，倾向于减少内城工业用地，加速企业用地调整；而县区政府为取得更大经济发展成绩、获得税收收入，则更偏向于增加工业用地供给（唐鹏，2014）。总之，城市内部存量工业用地调整不仅面临政府与企业之间的博弈，也受到不同层级政府竞争影响。

综上分析，分权化背景下地方政府"财权"与"事权"的不对等，在刺激城市政府的开发区建设热情的同时，也加剧了地方政府间的横向与纵向竞争，而开发区建设与地方政府竞争又反过来影响着各利益主体在工业用地调整中的成本与收益（表 3.5）。对城市政府而言，"开发区热"（zone fever）增加了基础设施建设成本，但开发区的集聚效应也会在一定程度上减少企业对政府补偿的索取，降低政府的社会服务及管理成本；同时，分权化背景下的"晋升锦标赛"能在一定程度上刺激地方政府对经济发展政绩与环境收益的追求，也会加速企业的用地调整步伐。对业主企业而言，开发区建设为其搬迁提供良好服务环境，降低生产组织关系变更的成本，而且能因为开发区的积聚溢出而获得更多的经济收益与发展机会；上下级政府在用地调整上的利益冲突，也会改变业主企业退出可能的经济补偿，从而影响企业的策略选择。对新开发商而言，由于地方政府对预算外"土地财政"的依赖，在获取土地使用权过程中所要支付或补交的出让金增加，政府间竞争又会降低初次投资门槛，从而减少开发商固定资产成本。

表 3.5　分权化对不同利益相关者"成本–收益"的影响

利益相关者	成本	收益
城市政府	增加基础设施建设成本，社会服务和管理成本降低，补偿成本降低	政绩收益增加，社会与环境收益增加
业主企业	生产组织关系变更成本降低等	开发区集聚的溢出效应，发展机会增加，搬迁补偿增加/降低
新开发商	土地出让成本增加，投资门槛降低，硬件投资减少	各种税费优惠增加

3.2.3　全球化与工业用地调整

20 世纪 70 年代末开始，西方发达国家经历了由"福特制"向"后福特主义"的生产方式转变（吕拉昌和魏也华，2006）。"后福特主义"所倡导的"个性化"与"弹性生产"又加速了生产的分散化，使得城市空间不再需要维持原有的集聚形态，转而由相对松散的都市区所取代，生产的郊区化也变得更加可能（陈超和胡彬，2007；李少星等，2010）。尤其，随着以转包、分包、全球采购为标志的国际分工合作的深入和全球生产网络的加速形成，城市区域变得"光滑"（slippery），资本转移和工厂的移动也变得更加容易，跨国公司（transnational corporations）成为全球经济的组织者（贺灿飞等，2014；Yeung and Coe，2015）。这种跨国公司主导的经济全球化过程，不仅促进了投资地的经济繁荣，还通过区位模仿与供应链集聚，强烈地改变了投资地的制造业空间布局形态（Wei，2015；贺灿飞和毛熙彦，2015；袁丰，2016）。

与此同时，资本与劳务等生产要素的跨国流动和国际贸易的不断增强，也促使城市逐渐由单纯的制造业或贸易基地向区域乃至国际商品与要素集中的服务中心转变（Sassen，2001；顾朝林，2003；Lin，2004）。而城市外围郊区则凭借其成本优势成为生产的"黏性"（sticky）区域，吸引全球资本、技术等在那里集聚，并发展成为城市内部的新工业空间（Markusen，1996；Wei，2006）。在全球化时期城市所面临的各种竞争日趋激烈，营造一个高竞争力的空间结构成为所有城市追求的目标（丁成日，2004；何建颐等，2006）。经济全球化时期的外资加速涌入和生产网络快速扩张，也成为企业用地调整的重要推动力量。

如表 3.6 所示，伴随全球与地方生产网络的"双向嵌入"，以及城市服务经济的发展，政府与企业等不同利益主体在用地调整中的"成本-收益"发生明显改变。对城市政府而言，可以通过购买全球服务，节约其提供社会服务与管理的成本；全球城市竞争也能在一定程度上促进城市产业升级，增加政府的社会、环境与政绩收益。对业主企业而言，以跨国公司为代表的外资企业的加速进入，促进了本土企业生产网络的延伸与扩张，在降低企业搬迁成本的同时，也加快其技术进步。对新开发商而言，全球化能通过设施共享减少其固定资产配套成本，降低机会成本；全球化还加速企业服务市场扩张，增加新开发商的投资回报收益。

表 3.6　全球化对不同利益相关者"成本−收益"的影响

利益相关者	成本	收益
城市政府	基础设施建设成本降低，社会服务成本降低，管理成本降低	政绩与社会收益增加，加速产业转型升级，环境收益增加
业主企业	固定资产损失降低，搬迁成本降低	生产网络扩张，加速地方嵌入与技术进步
新开发商	配套成本降低，投资的机会成本降低	产品与服务市场扩张，投资回报增加

3.2.4　城市化与工业用地调整

伴随城市化进程演进，建成区面积的不断扩张，原来位于城市外围的工业用地被逐渐纳入中心城区，而外围工业用地的不断"城区化"和传统制造业企业的日益"都市化"，在一定程度上增加了企业的生产运营成本，也影响到城市整体的景观与品质，对企业用地的调整应运而生（Deng et al.，2008；袁丰等，2012）。与此同时，服务化背景下制造业产品附加值逐渐从制造环节向服务环境转移，制造业与生产性服务业日益相互融合和相互渗透，也改变了城市内部原有的制造业企业空间格局（Neely et al.，2011；袁丰，2016；Yuan et al.，2017）。特别是，随着计划经济时期以行政等级为依据的资源配置方式获得极大改善，城市政府为巩固中心城市功能定位，加速发展服务经济，对制造业空间形成"挤压"（顾朝林等，2000；田莉，2013；Yeh et al.，2015）。总之，城市建成区的不断扩张与中心商务区的重塑，以及中心区服务经济的发展壮大，共同促进了企业用地的退出与调整。

综上分析，城市快速扩张过程中，企业用地价格上涨，政府要支付的拆迁补偿成本增加，但其所能获得的土地出让金收入也大幅增加；而城市政府的产业升级政策在增加政府管理服务成本的同时，也增加了其在社会、环境与政绩等方面的收益。对业主企业而言，城市扩张为员工安置及新厂区选址提供便利，相应成本有所下降；在收益方面，城市化程度越高地区企业退出的经济补偿也越高，业主企业所能获得的新发展机会也越大。对新开发商而言，城市政府的招商引资会提供大量优惠政策，在一定程度上降低新开发商的投资成本，从而使其投资的机会成本减少；城市化进程演进还有可能增加新开发商的投资回报，改善经营环境，影响其收益规模（表 3.7）。

表 3.7　城市化对不同利益相关者"成本–收益"的影响

利益相关者	成本	收益
城市政府	搬迁补偿增加，管理服务成本增加	土地出让金增加，社会与环境收益增加，政绩收益增加
业主企业	员工安置与搬迁成本降低	经济补偿提高，发展机会增加
新开发商	投资成本降低，机会成本减少	优惠政策，投资回报增加，经营环境改善

3.2.5　绿色化与工业用地调整

随着全球环境问题的日益突出，城市居民环境保护意识在不断增强，"绿色发展"也逐渐被越来越多的个人和组织所接受（陈雯等，2003）。就城市内部工业发展而言，包括资源利用效率与污染物排放在内的绿色指标正日益成为影响企业产品质量和市场竞争力的一个重要因素（Flitner and Soyez，2000；陈江龙等，2006）。然而，中国的市场化改革是以经济增长、效率和竞争力为导向进行的（Wei，1999），地方政府在实际操作中的"唯 GDP 论"，导致一味追求辖区经济增长速率，而忽视生态环境破坏等问题（高爽等，2012）。理论上，合理的城市开发格局，应该是在综合自然、经济、社会各种条件供给基础上，对可行区位进行比较择优的结果，其最终目标是要寻求区域经济社会环境整体效益的最大化（陈雯，2008）。因此，在绿色化呼声日益高涨的时代背景下，对城市内部低效闲置、高污染企业用地的调整，成为政府、社会和市场等不同主体的共识（王宜虎和陈雯，2007）。特别是，21 世纪以来公众对城市环境质量和服务功能要求不断提高，城市政府也在积极推进产业"退二进三"和工业企业"退城进园"，城市范围内"服务业中心–制造业外围"的空间分工结构日益受到青睐（冯健，2002；吕卫国和陈雯，2009）。

综上分析，绿色发展背景下的城市政府要付出更多的政策制定及环境治理成本，但同时能获得更多的环境收益，以及社会认可与上级肯定；同时，绿色发展理念还能提高土地要素的投入产出效率，降低政府决策的风险和机会成本。对业主企业而言，绿色化要求使工业用地环境治理成本大幅增加，厂房改造开发成本也相应增加；绿色化也促进企业技术进步，加快产品升级与市场拓展。对新开发商而言，绿色发展要求可能会提高投资门槛，增加开发商的机会成本；但同时会促进其产品（服务）质量提升，以及产品（服务）市场拓展，从而增加其投资回报（表3.8）。

表 3.8　绿色化对不同利益相关者 "成本-收益" 的影响

利益相关者	成本	收益
城市政府	政策制定及环境治理成本增加，环境治理成本增加，决策风险与机会成本减低	要素投入产出效率提高，社会、环境及政绩收益增加
业主企业	环境治理成本增加，厂房改造开发成本增加	促进技术进步，生产扩张收益
新开发商	投资门槛提高、机会成本增加	产品或服务的质量提升，产品或服务的市场拓展，投资回报增加

　　总之，伴随经济转型的市场化、分权化、全球化、城市化与绿色化，通过影响政府与企业等不同主体的 "成本-收益" 关系，构成城市存量工业用地调整的外部驱动（图 3.2）。首先，伴随市场化改革，中国城市空间（土地）的经济属性被重新定义，不再被动地作为城市经济、社会活动的载体和结果，而是作为要素资源参与城市空间生产与再生产；市场化还激励企业基于比较优势进行区位决策，导致比较优势明显的郊区成为新的制造业集聚区，加速企业的用地退出与工业用地的功能转变。其次，全球化时期的生产网络扩张与外资加速涌入，促进了城市工业生产的分散化与再集聚，改变原有的工业空间格局，从而加速存量工业用地调整。再次，政府管理方式的分权化改革赋予了地方政府更多发展自主权，在加剧不同层级和区域间地方政府竞争的同时，也加速了城市中心商务区崛起和外围

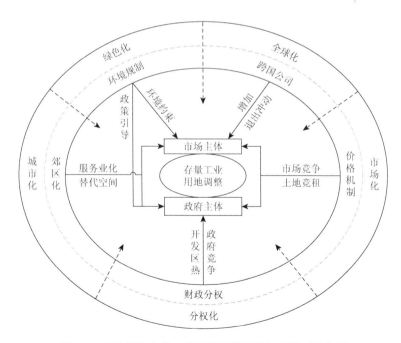

图 3.2　影响城市存量工业用地调整的外部环境要素分析

开发区建设，成为存量工业用地调整的另一重要驱动。而服务经济的迅速崛起及全球城市竞争，也通过促进城市产业转型升级，影响城市内部土地利用结构。最后，随着中国城市化进程步入中后期，经济社会发展面临的资源环境瓶颈约束日益显现，因此按照"绿色发展"与新型城镇化的建设要求，对包括工业用地在内的城市存量空间进行重新利用再开发，成为迎接和应对"新常态"，实现更高质量发展的关键。

3.3　城市存量工业用地调整的均衡分析

经济转型背景下的市场化、分权化、全球化、城市化与绿色化的这些外生变量通过内生变量对城市存量用地调整发挥作用（Steinnes，1982）。而内生变量则是各利益主体基于自身收益最大化的行为决策，这是决定工业用地能够顺利完成调整的根源。不同于西方市场经济条件下的变化规律，中国城市存量工业用地调整的均衡过程，除受传统的经济要素驱动外，还要受到企业所处"产业生命周期"、用地自身"产权归属"以及不同利益主体"个体偏好"等因素的影响（樊杰和陈东，2009；陈浩等，2010；王桢桢，2011）。

3.3.1　基于"土地租金剩余"的一般均衡分析

20 世纪 60 年代，美国经济学家 Alonso（1964）在 von Thunnen 的"孤立国"假设基础上，引入区位边际均衡和边际收益等空间经济学概念，并提出了土地利用的"竞租理论"（bid-rent theory），认为对区位较敏感、支付地租能力较强的土地竞争者（如商业、服务业等），将获得城市中心区的土地使用权，其他经济活动的土地利用按照各自付租能力差异依次外推，形成商业区、工业区、住宅区、城市边缘和农业区的空间格局。根据"竞租理论"的假设，在静态均衡条件下城市内部的各种经济活动区位选择的结果是，在建设初期土地开发按照当时的地租水平进行投资，市场价值高的区位投资密度也大，城市土地利用呈现"竞租曲线"所描述的空间结构（李承嘉，2000）。由于城市内部土地资源的稀缺性，不同区位上土地的"潜在地租"会随着城市化进程演进而不断增长（Clark，1988，1995）。而伴随工业化加速，房屋建筑、机器设备等固定资本折旧引起的"建物价格"下降，又会使得城市土地在当前利用形式下的"租金"不断减少，阻碍其获取应有的"潜在地租"，致使"潜在地租"与"实际资本化地租"之间产生的"租隙"不断扩大（Smith，1979）。于是，"理性"的土地使用者会减少投资（disinvestment），仅对建物进行最低程度的维护工作，进而加速建物折旧，导致产生更大的"租隙"，使土地再开发的"投机性利润"增加。

　　如图 3.3 所示，在对城市土地进行初次开发时，固定资本（如厂房、设备等地上建筑物）按照当时的"潜在地租"水平进行投资，即"实际资本化地租"等于"潜在地租"（Smith，1982）。随着城市不断发展与空间持续扩张，土地利用的"潜在地租"（$L_{potential}$）不断上涨，而固定资本的持续折旧却导致"实际资本化地租"（L_{actual}）收益的增长相对缓慢，即地上建筑物的存在阻碍了土地潜在租金收益的实现，即产生所谓的"机会成本"。但是，由于厂房建筑等固定资产"建物价格"（$P_{building}$）的存在，当前利用方式下的工业用地"空间租金"（R_{space}）在短期内仍然高于未来的"潜在地租"。随着地上建物价格的持续降低，当前土地利用形式下的"空间租金"会在 T 时刻低于地块未来的"潜在地租"水平（$R_{space} < L_{potential}$），即"租隙"超过"建物价格"并产生一定的剩余价值，即城市工业用地的"租金剩余"（land rent surplus），而时间段 OT 则被称为工业用地的"经济寿命"。当工业用地开发超出其"经济寿命"后，城市内部占有当前"空间租金"的产权人与想要获取"潜在地租"的开发者就会围绕"土地租金剩余"展开激烈竞争，从而驱动城市存量工业用地调整。

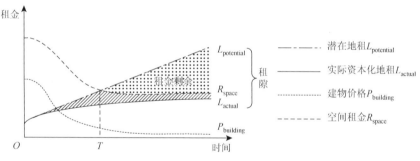

图 3.3　城市化进程中的工业用地"土地租金剩余"

资料来源：根据 Smith（1979）改绘

3.3.2　基于"产业生命周期"的第一次均衡偏移

　　产业发展是随着科学技术、全球格局以及社会经济制度的变化，而不断演进和升级的进化过程（Scott，2000；胡晓玲，2009），具有从初生、发展到衰亡的阶段性特征。这一产业的"生命周期"通常表现为生产同类产品或提供相同服务的企业的进入、成长与退出（李靖华和郭耀煌，2001；Potter and Watts，2011），也可以称为初创或导入期、成长期、成熟期、衰退或蜕变期（张会恒，2004）。如图 3.4 所示，在产业发展的初创或导入期，市场对产品或服务的认识不足，企业数量较少且规模有限，对城市土地的需求不强；随着产业不断成长，产出水平在国民经济系统中的比重逐渐增长，企业数量和规模也迅速扩张，对城市土地需求激增并最终达到顶峰，这一时期的进入企业对城市土地的竞租能力也最强；当产业发展进入成熟期，同类企业的生产技术趋于成熟，市场需求缓慢扩大，市场容量相对稳定，使总的在位厂商数目下降到一个长期稳定的水平，此时企业的土地竞租能力趋于稳定；产业发展逐渐进入衰退或蜕变期，由于生产技术与工艺落后，市场需求日益萎缩，大部分企业将逐渐退出市场，只有少部分企业会通过技术进步或产业转型完成蜕变与重生，进入新的生命周期循环。

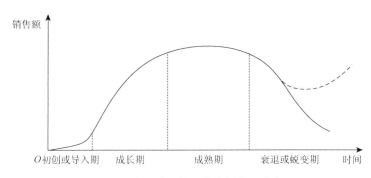

图 3.4　产业演进的"生命周期"曲线

资料来源：张会恒（2004）

　　在产业生命周期的成长与成熟阶段，企业付租能力持续稳定增长，城市内部工业用地的调整符合前述一般均衡规律。当用地企业进入产业衰退阶段后，其"实际资本化地租"开始下降（$L_{actual} \rightarrow L'_{actual}$），地上建物折旧也会出现不同程度的加速，导致企业所占用工业用地上的"空间租金"降低（$R_{space} \rightarrow R'_{space}$），存量工业用地调整的时机也相应提前（$T \rightarrow T'$），一般均衡过程发生偏移（图 3.5）。

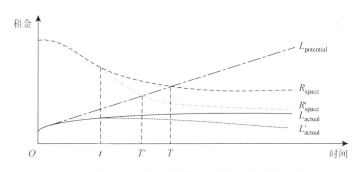

图 3.5　基于"产业生命周期"的第一次均衡偏移

3.3.3　基于"土地产权制度"的第二次均衡偏移

作为城市土地再开发的一项重要内容，企业用地调整的核心是对土地发展权的重构（田莉等，2015）。与西方国家不同，在中国城市土地的公有制度下城市土地发展权是所有权、使用权、收益权、处分权等一束权利的集合，而"产权束"中的各项权利既可以为一个主体所有，也可以分属不同的主体（冯立和唐子来，2013；邓珊，2015）。根据新制度经济学理论，界定产权的所有属性既是成本巨大的，也是十分困难的，甚至是不可能的。因此，任何一项资产总会有一些产权属性尚未得到清晰的界定，遗留在公共领域（public domain）中形成所谓的"模糊产权"（朱介鸣，2001）。由于"经济人"的有限理性和机会主义，"模糊产权"的存在会导致高昂的交易成本，产权初始分配状态也就不可能通过无交易成本的方式向最优状态转化（王微，2013）。

在城市存量工业用地调整过程中，作为产权所有的"国家"主体虚设，即城市存量土地缺乏人格化的产权代表（陈鹏，2009），中央与地方政府及政府各管理部门之间的利益博弈，又会增加再开发过程中的管理与组织成本。而且，由于部分存量土地（尤其是划拨土地）的权责不统一，工业用地的调整也很难摆脱商业开发为主、追逐短期经济利益最大化的窠臼（黄晓燕和曹小曙，2011）。如图 3.6 所示，由于在存量土地上往往存在一定"模糊产权"，企业的用地初次开发一旦获得完成，就很难通过零交易费用方式实现功能重组或利用方式转变，即土地用途转变过程必须支付一定的交易费用，且开发时间越久交易费用也越高，这势必导致城市存量土地的"潜在地租"升值速度慢于新古典经济学假设下的理想状态（$k_{L\text{potential}} < k_{L'\text{potential}}$，表示曲线的斜率），从而使实际的城市土地用途转变较理想情况滞后（$T \rightarrow T'$）。总之，工业用地自身的"产权归属"会导致用地调整的一般均

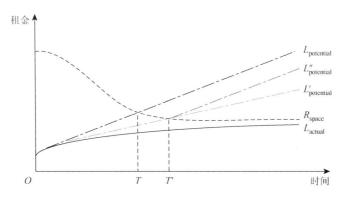

图 3.6　基于"土地产权制度"的第二次均衡偏移

衡再次发生偏移，偏移量则取决于理想状态下"土地租金剩余"与实际支付"交易成本"之间的相对关系。因此，通过一次性支付交易费用等方式重构现有产权体系，减少后续交易成本，使存量工业用地的"潜在地租"升值尽可能接近理想状态（$L'_{potential} \rightarrow L''_{potential}$），这是促进工业用地调整与利用方式转变的关键。

3.3.4　基于"个体利益偏好"的第三次均衡偏移

　　具有不同利益诉求的多元主体对当前土地利用形式下"机会成本"的认知各异，对新的利益平衡的诉求也不尽相同（唐子来，1991）。如图 3.7 所示，城市政府推动存量工业用地调整，不仅能为其带来经济收益，还能获得其他政治与社会收益（表 3.3），因此地方政府对工业用地调整的预期综合收益往往较一般均衡存在一定规模的正向偏移（$L_{potential} \rightarrow L'_{potential}$），相应的最佳调整时机也相对趋前（$T \rightarrow T'$）。而对于工业用地的使用权人而言，用地调整意味着对原有生产组织关系的变革，所要付出的代价远比城市政府高，其综合收益则较一般均衡存在一定规模负向偏移（$L_{potential} \rightarrow L''_{potential}$），因此其最佳调整时机也相对滞后（$T \rightarrow T''$）。另外，中央及地方政府的各项产业转型及污染减排政策，也会加速存量工业用地"空间租金"发生偏移（$R_{space} \rightarrow R'_{space}$），导致调整时机提前或滞后。不同所有制形式的企业对政策环境的响应程度存在差异，因此其对应的"空间租金"曲线偏移也不尽相同，从而导致具体的用地调整时机各异。

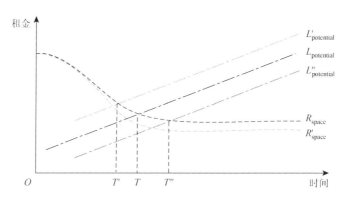

图 3.7　基于"个体利益偏好"的第三次均衡偏移

　　除此之外，上述以市场价格为依据的各种研究思路，通常还有两个基本假设，一个是市场活动的参与者都是在价格给定的情况下做出决策，另一个是市场活动参与者的信息是对称的。在这两个假设之下，各主体接受的都是相同的信息，所作出的决策也不会影响其他主体收益，只是在既定价格参数和收入下最大化自己的效用（卢现祥和朱巧玲，2012）。而事实上，由于"人"不可能完全掌握自己周围环境中的全部信息，加上"人"自身决策能力的限制，现实中的各种行为决策并非古典经济理论中的经济最优选择。总之，不同利益主体之间的"个体偏好"同样会影响到城市内部存量工业用地调整的一般均衡的偏移，偏移量则取决于主体间的成本与收益差异；而通过协调多元主体间的成本与收益关系，使各主体在相同空间上的策略选择一致，是保障城市土地用途转变顺利进行的关键。

　　总之，城市存量工业用地调整的成功与否，取决于各利益主体在用地调整过程中的"成本-收益"关系是否平衡。如图 3.8 所示，在工业用地的"经济寿命"内，各利益主体均采取"观望"策略，不主动实施调整和改造策略。随着城市化与工业化进程推进，用地开发逐渐超出原有"经济寿命"，并产生一定规模的"土地租金剩余"，成为工业用地调整的重要经济驱动。通常城市政府与新开发商在工业用地调整之初的"预期收益"大于业主企业，导致前二者率先形成"联盟"，而业主企业则表现为与"联盟"的对抗，以主张自身利益不受"侵犯"。在此种情况下，为协调多元主体间的收益分配，政府与新开发商分别对业主企业进行"安抚"与"补偿"，以平衡其"成本-收益"关系；由于部分用地的产权界定不明晰，其调整过程还要支付高昂的交易成本，影响工业用地调整的整体秩序。最后，通过构建完善的产权制度体系，明确界定不同主体的权利关系，并实现对各自行为的强有力约束，以确保用地调整顺利进行，维护正常市场秩序。在没有新开发商进入的情况下，城市政府与业主企业之间的

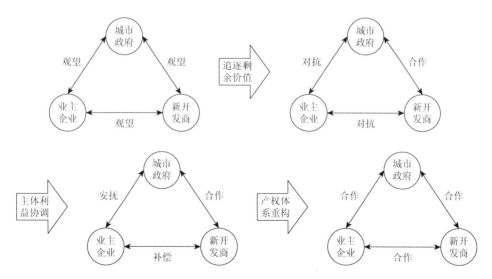

图 3.8　城市存量工业用地调整的主体间均衡关系演变

均衡关系会发生一定变化,当政府承担新开发商职能时,其与业主企业间的互动关系变化不大,当业主企业自主开发时,其与城市政府之间的"对抗"与"安抚"关系变为"游说"与"分享"。因此,对立、竞争甚至对抗绝非用地调整的均衡状态,而多元主体间的合作、协商、共赢才是城市存量工业用地调整应有的"纳什均衡"。

3.4　城市存量工业用地调整的多重博弈分析

通常情况下,城市政府、业主企业和新开发商等利益相关者,对存量工业用地上"租金剩余"的追逐,是其调整的重要经济驱动力。由于不同决策主体的"利益偏好"存在差异,工业用地自身的"产权归属"也较为复杂,因此基于不同利益相关者的博弈与谈判是达到用地调整"纳什均衡"的必由之路。本节即按照政府与企业间的"成本-收益"比较关系,借鉴"讨价还价"、"智猪博弈"与"三方博弈"三种博弈模型,对不同情境下的主体间多重博弈过程进行分析,以深入理解不同的存量工业用地调整模式背后的驱动机理。

3.4.1　多重博弈的基本假设

公共选择理论认为,政府与市场主体在本质上都是人格化的组织,其行为模式与"经济人"是一样的(王珏,2014)。因此,在后续分析中将政府与企业一起抽象为带有明显组织特征的个体。按照现代博弈论的观点,一个决策主体的行为选择在受其他主体选择影响的同时,反过来也影响其他主体的决策,即个体的最优选择取决于对他人所采取的策略的预期(管娟,2008)。基于此,本书研究城市存量工业用地调整过程,着重关注政府、企业等不同主体之间互动博弈关系,他们满足以下基本假设。

(1)基于"绝对理性"的假设,各利益相关者博弈的目的都是追求总收益或总效用最大化,即在成本或风险最小的前提下获得最多的经济、社会、环境及政治收益。

(2)不同行为主体所代表的利益存在差异,也意味着不同的偏好和目标函数,因此,各行为主体之间的博弈表现为个体理性(personal rationality),其结果可能会导致整体的非理性(如工业用地闲置或低效利用等)。

(3)由于参与博弈的各方所追求的同为工业用地上产生的"土地租金剩余",而且竞争对象的公开性也使得博弈双方了解彼此的效用水平(成本与收益),因此具有完全信息博弈(game of complete information)特性。

（4）在个体理性的条件下，为了追求自身利益最大化，行为主体可能采取非正当的手段（如非正规更新和寻租），并表现出机会主义的倾向。

（5）由于"土地租金剩余"及各种外部压力（如环境污染、政府考核、企业效益等）的存在，业主企业和城市政府主观上均有动力对城市内部存量工业用地进行调整。

在西方市场经济国家，不同利益相关者之间具有相对平等的权利关系，对城市内部存量用地调整也是按照完全市场化的形式进行，因此调整的类型可以根据"结果"分为推倒重建、部分拆除、完全保留等。不同利益相关者对"土地租金剩余"的追求导致了城市用地结构与功能的变化，这一过程既包括对城乡结合地带集体土地的扩张性开发，也体现为城市内部闲置低效用地的改造性再利用（胡毅和张京祥，2015）。因为中国不同利益相关者在存量工业用地调整过程中表征的权利关系复杂，所以在博弈过程及均衡状态下的获益情况各异。根据具体的博弈参与主体及各自相对"成本-收益"关系，研究从"过程"入手将存量工业用地调整分为"政府干预市属企业的用地调整"、"政府配合中央企业的用地调整"和"政府引导开发商参与的用地调整"三种模式。

其中，"政府干预市属企业的用地调整"是指由于城市政府对市属国有企业负有行政监管的职责，因此在市属国有企业的用地调整过程中对弈双方的谈判地位不完全对等。而且城市政府与业主企业在偏好结构、风险类型等方面也存在差异，导致双方很难同时做出"囚徒困境"中的"占优选择"。通常对弈双方通过不断"讨价还价"的运行机制，选择对自己最有利（或损失最小）的满意决策，实现"相对优势策略组合"（肖微和方堃，2009）。

"政府配合中央企业的用地调整"是指由于中央企业相对于城市政府具有明显的资本与权力优势，对弈双方不再是简单的"政企关系"，而且还涉及复杂的"央地关系"，导致在工业用地调整过程中对弈各方的谈判能力悬殊（蔡冰菲，2009）。地方政府对"讨价还价"过程的干预能力下降，各利益主体很难通过合作完成用地调整，而往往由谈判能力较强一方独自承担全部或大部分的改造成本，而相对弱势的一方则"坐享"工业用地调整带来的各项收益，属于典型的"智猪博弈"（pigs' payoffs）。

"政府引导开发商参与的用地调整"是指在现实中许多城市政府受财力限制，不具备对工业用地进行再开发的足够资本，而且业主企业也没有足够能力自主完成更新改造，因此政府会凭借手中的政治资源或通过行政手段，协调并直接引导新开发商与业主企业进行合作，新旧开发主体之间以租赁或联营的方式进行工业用地的改造与再开发，并分享由此带来的各项收益，这一模式也被称为"利益共享"型用地调整。这种模式的具体实施通常由新开发商向业主企业提供补偿或缴纳租金，业主企业将土地使用权转让或租赁给开发主体，然后由新旧开发主体共享用地调整的各项收益（杨晓辉和丁金华，2013）。在此过程中，城市政府通常扮演监督者与中间人的角色，博弈的关键关系也主要是市场主体之间的竞合关系。

3.4.2 政企博弈与工业用地调整

假设城市政府与业主企业共享的用地调整带来的全部土地租金剩余为 R，而出于对城市环境改善与城市品质提升等的追求，奇数回合的谈判首先由城市政府出价（如提供补偿金或制定优惠政策等），由业主企业选择接受与否，偶数回合的谈判则由业主企业出价（如补交土地出让金或实行产业转型升级等），城市政府选择是否接受。为了达到各自利益的最大化，对弈双方均会在本轮获益不小于下一回合自己出价的收益的情况下，接受对方的收益分配方案而结束谈判。但是，随着谈判次数的增加，谈判的费用和信息损失也会相应增加，降低对弈双方的收益，因此引入消耗系数 δ（$0<\delta<1$）。由于消耗系数的存在，对弈双方的谈判不会无限制地进行下去，假如限制政企双方的"讨价还价"最多进行三阶段，则到第三阶段业主企业必须接受城市政府的分配方案。

如图 3.9 所示，在第一回合谈判中，城市政府提供 S_1 规模的补偿金，业主企业放弃工业用地使用权，双方的收益分别为 $R–S_1$ 和 S_1，若业主接受则谈判结束，否则继续下一回合谈判；在第二回合谈判中，由业主企业补交 S_2 的土地出让金，继续占有土地使用权，此时对弈双方收益分别为 δS_2 和 $\delta(R–S_2)$，若城市政府接受

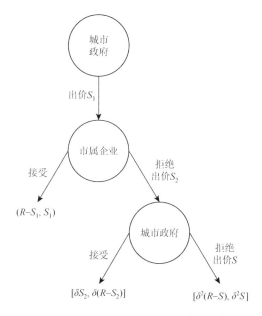

图 3.9　城市政府与业主企业间的"讨价还价"博弈

则谈判结束，否则继续；在第三回合谈判中，城市政府继续提供 S 规模的补偿金，双方收益分别为 $\delta^2(R-S)$ 和 $\delta^2 S$，由于此时政府方案具有约束力，业主企业必须接受该方案。采用逆推归纳的方法，在已经明确城市政府第三回合谈判分配方案的情况下，业主企业为实现自己的收益最大化，必须在第二回合给出城市政府可以接受的分配方案，即 $\delta S_2 = \delta^2(R-S)$。此时，业主企业的收益为 $\delta(R-S_2) = (\delta-\delta^2)R + \delta^2 S$，明显高于其在第三回合谈判中的收益 $\delta^2 S$。按照相同的逻辑，城市政府在第一回合谈判中为获得更多利益，也会使业主企业在第一回合谈判中就接受自己的分配方案，因此其提供的补偿金必须满足条件 $S_1 = (\delta-\delta^2)R + \delta^2 S$，业主接受分配方案而谈判结束，城市政府与业主企业三回合博弈的纳什均衡为 $[(1-\delta+\delta^2)R-\delta^2 S, (\delta-\delta^2)R + \delta^2 S]$。

　　无限回合的讨价还价不能像有限回合一样，不存在可以作为逆推点的最后阶段，在无限回合博弈中从第一回合开始和从第三回合开始，最终得到的纳什均衡解是一样的（Shaked and Sutton，1982）。因此，可以假设无限回合讨价还价第三回合谈判的均衡结果为城市政府和业主企业分别获益 S 和 $R-S$，则有 $S = (1-\delta+\delta^2)R-\delta^2 S$，即 $S = (1-\delta+\delta^2)R/(1+\delta^2)$。由于 $0<\delta<1$，城市政府与业主企业的收益差额可以表示为 $\varDelta = [(1-\delta+\delta^2)R/(1+\delta^2)]-[\delta R/(1+\delta^2)] = (1-\delta)^2 R/(1+\delta^2)>0$。换言之，在城市政府与业主企业竞争土地租金剩余的博弈过程中，通常首先出价的城市政府会处于相对优势地位，随着谈判的持续，消耗系数 δ 逐渐变大，城市政府的相对损失也相应增加（如政府面临环境考核压力加大、群众投诉增加等政治与社会收益损失）。因此，为尽可能减少损失，强势一方（城市政府）往往会通过谈判与弱势一方进行讨价还价；而弱势一方（业主企业）则倾向于采取"拖延"策略，以最大化自己的相对收益份额。因为，业主企业掌握着城市土地的使用权，其拖延时间越久，谈判中的消耗系数越大，部分城市政府越有可能会通过提高补偿，以尽快与业主企业达成共识，减少在政治与社会收益方面的损失，这也在一定程度上解释了现实生活中出现拆迁"钉子户"现象的原因。

　　但是，业主企业"过分"的补偿要求，也有可能突破政府底线，导致最终谈判失败，双方均无法享受用地调整带来的各项收益。所以，根据行为经济学的观点，任何企业或个人在面临"获得"情形时一般会采用风险规避行为，以保住"到手的财富"为第一目标；而只有在面临"损失"情形时，其行为方式才是追求风险型（North，1990）。"理性"的业主企业通常会在综合评估"已到手收益"和"潜在风险"后，选择接受政府的利益补偿，配合完成空间退出与用地调整。因为，业主企业拖延越久，越可能会导致博弈的失败，从而使双方面临工业用地不能调整的损失。尤其对那些受城市政府直接或间接干预的市属国有企业，还要承担谈判失败可能带来的政治风险（Gao et al.，2018）。

3.4.3　央地博弈与工业用地调整

假定参与博弈的双方分别为地方城市政府和在资本权力等方面均具有明显优势的中央企业（以下称央企）。一方面，央企能为地方政府带来巨大的 GDP 和税收，是地方财税的重要来源，也是地方城市建设、市场消费的引擎；另一方面，央企的支撑作用，如磁场一样对地方官员的政绩与升迁起到了看不见的作用。因此，央企在与城市政府的博弈过程中，往往较一般国有、集体或民营经济更为主动和强势，等同于"智猪博弈"中的"大猪"；而城市政府由于缺乏对央企的协调能力，在博弈中等同于处于相对被动地位的"小猪"。在央企与城市政府的博弈过程中，双方对于企业用地均有"调整"与"不调整"两种决策选择。由于企业无权直接变更工业用地使用性质，央企在选择"调整"策略时有两种途径：一是采取"非正式更新"方式，即在不变更土地使用性质前提下进行空间重新利用，能够获取的收益为 R'（$R'<R$，R 为土地租金剩余）；二是通过补交土地出让金方式进行"正式更新"，获得收益为 $R–S$（S 为企业补交的土地出让金）。无论采取何种形式，城市政府都能够通过"搭便车"获取企业用地调整带来的各种政治、社会与环境收益，记为 P。假设非正式更新的土地租金收益损失与补交土地出让金规模相当（即 $S=R–R'$），则央企与城市政府的收益分配为（$R–S$，P）。若地方政府选择"调整"策略，则需要提供给业主企业同等规模补偿 S，央企获得全部的租金剩余 R，央企与城市政府的收益分配为（R，$P–S$）。如果央企与城市政府都选择"调整"策略，则双方共同承担成本 S 后收益分配为（$R–S/2$，$P–S/2$），如表 3.9 所示。

在城市政府的政绩收益小于提供给央企的经济补偿（$P<S$）的情况下，无论央企选择何策略，城市政府总是处于被动地位，其获得的收益总小于"不更新"所能获得收益，因此城市政府在与央企等较大资本企业的谈判过程中，更倾向于采取"主动不作为"策略。而央企为了获取工业用地调整带来的收益，只能自己采取调整策略，从而给城市政府"搭便车"的机会，这一过程恰好可以解释城市开发过程中的"能者多劳"现象。如果要改变"智猪博弈"中这种"搭便车"的现象，就要看博弈规则的核心指标设置是否合适（余敏江和刘超，2011）。在央企与城市政府的博弈过程中，可以改变的核心指标有两个：工业用地调整的总收益（$R+P$）和用地调整的成本（S）。其中，用地调整的经济收益的变化主要受市场规律影响，如果强行改变用地调整经济收益，则既不符合市场运行规律，还可能会形成企业与城市政府恶性竞争的局面，与良性互动的要求相差甚远。因而，解决"智猪博弈"问题的关键在于改变工业用地调整的成本。通过制度创新减少用地调整的成本或改变参与各方的成本分摊，为采取主动更新策略的一方提供更大的收益，从而使双方均有积极性去主动进行城市存量用地调整。

表 3.9　央企与地方城市政府的"智猪博弈"

项目		央企	
		调整	不调整
城市政府	调整	（R–S/2, P–S/2）	（R, P–S）
	不调整	（R–S, P）	（0, 0）

注：括号中前面为央企的收益，后面为城市政府的收益。

　　除此之外，城市政府是否会主动调整工业用地，还依赖于其从用地调整中获得的政治、社会与环境收益的大小，若城市政府在对央企等大资本控制的工业用地实施改造过程中，获得的收益 P 远大于所要支付的成本 S，或者中央政府通过利益交换机制增加地方政府在其他方面的收益，都会激励城市政府主动采取调整策略配合企业进行用地调整，而不是采用"搭便车"的策略。

3.4.4　政商合作与工业用地调整

　　假设城市政府无法支付高昂的用地改造费用，而且业主企业对此也表示无能为力，或者政府与业主企业在工业用地调整过程中均"无利可图"。在这种情况下，只能通过引进第三方开发主体对存量工业用地进行调整与重新开发，而城市政府对于工业用地的调整只能有"干预"和"不干预"两种选择策略。其中，"干预"意味着要承担对退出企业的补偿，记为 C，同时提供给工业用地改造者的政策优惠或让利为 D，相应可以获得的收益有土地出让金（或租金），记为 L，以及改造带来的政治、社会与环境收益，记为 P；若政府选择"不干预"策略则仅需要提供政策让利，记为 D，无须支付补偿，但仍可以获得 P + L 规模的收益。如图 3.10 所示，

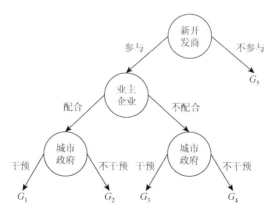

图 3.10　城市政府、业主企业和新开发商之间的"三方博弈"模型

业主企业可以选择"配合"或者"不配合"两种策略，而新开发商则可以选择"参与"和"不参与"两种策略。若新开发商选择"不参与"，则工业用地调整无法完成，博弈过程与前述两种情境模式类似，因此 G_5 博弈结果未纳入本节分析。而在新开发商"参与"策略下的三方博弈过程中，各自的收益情况分别如下（依次为城市政府、业主企业、新开发商）。

（1）业主配合、政府干预：

$$G_1 = (P + L–C–D, C, R' + D–L–Q)$$

（2）业主配合、政府不干预：

$$G_2 = (P + L–D, C, R + D–C–L–Q)$$

（3）业主不配合、政府干预：

$$G_3 = (P + L'–C–D, R' + C + D–L'–Q, 0)$$

（4）业主不配合、政府不干预：

$$G_4 = (P + L'–D, R + D–L'–Q, 0)$$

其中，P 为工业用地调整为地方政府带来的政治、社会与环境收益；L 和 L' 分别为新开发商和业主企业在改造过程中向城市政府缴纳或补交的土地出让金（$L{\geqslant}L'$）；C 为业主企业获得的用地退出补偿金；D 为城市政府为工业用地改造者提供的各项政策优惠与让利；R 和 R' 分别为政府"干预"和"不干预"情况下工业用地调整过程中可以获得的土地租金剩余（$R{>}R'$）；Q 为工业用地改造的直接物质成本。

采用逆推归纳的方法，城市政府为获取最大利益，倾向于 G_2 的收益分配方案，即做出"不干预"策略；在补偿金不大于政府干预造成的土地租金剩余损失（$C{\leqslant}R–R'$），且已经明确城市政府策略选择的情况下，业主企业为实现自己的收益最大化，会做出"不配合"决策，并游说城市政府选择 G_4 分配方案，此时政府将面临一定收益损失，为土地的市场出让金与应补交土地出让金的差额（$L–L'$）；类似地，新开发商为最大化自己的收益，通常会采取两种策略以使对弈各方选择方案 G_2，一是为业主企业提供足够多的补偿金，使其满足 $C{\geqslant}R + D–L–Q$，从而改变业主企业的决策方案，达到博弈三方的纳什均衡；二是缴纳高于 L 的土地出让金，从而让城市政府出面游说业主企业改变决策方案。由于第一种方案导致新开发商"无利可图"（$R + D–C–L–Q{\leqslant}0$），因此"理智"的开发商通常会通过提供高于正常市场价格水平的出让金，以达成与城市政府之间的"联盟"；在超额利润的激励下，城市政府又会制定一定的利益协调机制，促使业主企业配合新开发商完成用地改造。

3.5　本章小结

城市存量工业用地调整也是工业空间的再生产过程。在市场经济条件下，城市空间（再）生产的出现是资本在逐利本性驱动下的理性选择，有着内在的经济逻辑（Gao et al.，2017）。城市空间的持续生产与再生产涉及政府、企业、社会公众等不同利益相关者，而各利益相关者基于自身收益最大化的行为决策，构成工业用地调整的内在驱动力；同时，伴随经济转型的市场化、分权化、全球化、城市化与绿色化过程，在很大程度上改变了各利益主体的"成本-收益"，从而影响城市内部存量工业用地的调整过程。

　　城市化与工业化进程中，工业用地上将产生一定规模的土地租金剩余，而作为土地产权（所有权、使用权）所有者的城市政府和用地企业势必会通过不断博弈，展开对这部分"剩余价值"的竞争，这就是城市内部存量工业用地调整的一般均衡过程规律。但是，在实际的工业用地调整过程中，企业所处"产业生命周期"的阶段特征、工业用地自身的"产权归属"以及各决策主体的"利益偏好"等都会使地调整的一般均衡发生偏移。一方面，处于"产业生命周期"不同阶段的企业对城市土地的竞租能力各异，因此企业所处的产业发展演进阶段会使工业用地调整的一般均衡发生偏移；另一方面，城市土地复杂的"产权归属"，会在工业用地调整过程中产生交易费用，导致用地调整的一般均衡再次发生偏移，而偏移量则取决于理想状态下土地租金剩余与实际支付交易成本之间的相对关系。此外，由于不同所有制形式和隶属关系的企业具有不同的资本和权力的掌握与处置能力，这使其在与政府博弈过程中的相对地位悬殊，所呈现出的用地调整模式与类型也不尽相同。通常，掌握资本或权力越多的一方，在博弈过程中越占优势，也越有可能主导整个博弈过程，甚至能在某种程度上决定利益分配结果。所以说，不同利益主体利用其所掌握的资本与权力，以对附着在工业用地上的"剩余价值"分配为目的而进行的多重博弈，是城市内部存量工业用地调整的理论基础。

　　具体而言，按照存量工业用地调整过程中不同参与主体之间的相对权力关系，以及各自在谈判中的"成本-收益"比较，将城市存量工业用地调整分为"政府干预市属企业的用地调整"、"政府配合中央企业的用地调整"、"政府引导开发商参与的用地调整"三种不同模式。在政府干预市属企业的用地调整过程中，城市政府作为企业的监管主体通常在博弈中具有一定优势，为了最大化其收益份额，往往会通过谈判与业主企业进行"讨价还价"，而业主企业由于暂时掌握着工业用地的使用权，往往会通过拖延来争取更多的利益补偿，最后在城市政府让步与业主企业妥协基础上达成博弈的纳什均衡，促成对工业用地的调整。在政府配合中央企业的用地调整过程中，各利益主体很难通过合作完成对企业用地的调整，因此谈判能力较弱的城市政府往往采取"搭便车"的主动不作为策略，而掌握大量资本与权力的业主企业则不得不主动承担全部或大部分改造成本，以获取工业用地调整带来的空间增值，而通常作为中央企业的"委托人"的上级政府会通过利益交换促使地方政府配合。在政府引导新开发商参与的用地调整过程中，新开发商向业主企业提供补偿或缴纳租金，业主企业将土地使用权转让或租赁给新开发主体，而城市政府则扮演监督者与中间人的角色，最后由新开发主体对工业空间实施改造，合作各方共享工业用地调整的各项收益。不同模式，殊途同归，促使城市存量工业用地的利用效率和质量不断提升。

第 4 章   南京市工业发展及其空间演替历程

南京拥有 6000 多年文明史、2500 多年的建城史和近 500 年的建都史，素有"六朝古都"、"十朝都会"之称，是中华文明的重要发祥地，历史上曾数次庇佑华夏之正朔，拥有厚重的文化底蕴和丰富的历史遗存（Yuan et al.，2016）。本章在概述南京工业发展历程的基础上，重点介绍城市工业空间的演替规律，为后续城市工业空间转型与重构研究提供背景参考。

4.1   古代手工业发展阶段（1840 年鸦片战争以前）

六朝之前，中国的政治、文化、经济重心都在北方黄河流域，而长江流域及其以南地区属于"地广人稀"的蛮荒之地。直到东汉和西晋末年，中原地区发生大规模的战争与动乱，致使北方大量难民南迁，不仅带来了大量的劳动力，更重要的是将北方先进的生产工具和技术引入，促进了江南地区农业、手工业、商业的长足发展。

4.1.1   以纺织业等为主的官办手工业生产结构

东吴时期，官府还经常从各地征调熟练工人到建业的官营手工业作坊里生产，东晋末年更将长安的大批"百工"迁到建康，对手工业发展有很大促进。南朝时期，还分设"锦署"、"冶官署"、"钱署"、"纸官署"和"瓦官署"，管理丝织业、冶炼、以铁铸钱、造纸和陶瓷等手工业发展。为了长江水战和江海交通的需要，六朝时期的造船技术已达到较高水平，船的规模也相当可观。东吴已能制造长 20 余丈①的大海船，长江中的大战船上下 5 层，可装载士兵 3000 余人；南齐时祖冲之发明的千里船，使用机械转动，可以达到"日行百余里"。经历了 300余年的"六代豪华"以后，到隋唐时期由于统治者惧怕政权割据再现，金陵发展便步入了低潮。但凭借六朝时奠定的经济文化基础，江淮及金陵地区在南唐时期一改隋唐以来的压抑，致力于发展生产，发展农桑工商，生产得到恢复，传统的手工业如丝织、造船等行业都得以继承和发展。南唐书画艺术的兴盛，也促进了印染、制茶、文具等行业的长足发展（王毅，2010）。宋元时期，南京作为州、府

---

① 1 丈≈3.33 米。

得以复苏，城内设有东、西织染局，组织丝织品大量生产，专业工匠有 6000 多户，南京云锦也成为元代皇家御用品，逐渐成为江南地区纺织业中心。

明清时期，南京的手工业发展几近巅峰。明初南京 473 200 人中，手工业匠户计有 4500 户，近 20 万人，约占全国匠户数的 1/5，其中聚居在城南地区的就有 10 多万手工业工人。手工业部门也很多，全城计有 100 多个行业，特别是丝织业、造船业、印刷业、建筑业等，在生产规模和技术水平上都有很大的发展。明代南京与丝织业有关的行业达 20 多个，是全国丝织业的中心之一（王毅，2010）。南京丝织业除了官营织造局外，民间也出现了机户拥有大量资金和几台至几十台织机，开设"机房"，雇佣几个至几十个工人，进行集中规模生产。机户与机工之间形成了"机户出资，机工出力，相依为命"、"机户出资经营，机匠计工受值"的雇佣劳动，机户逐渐成为早期资本家，机工就是雇佣工人，并出现了计件的工资形态，开始孕育资本主义萌芽（袁丰，2016）。而且商品经济的发展和市场的扩大，也使南京的丝织业后来居上，甚至一度超越曾经的丝织业中心苏州（王宏钧和刘如仲，1979）。除此之外，明代南京造船业在规模和技术上也几乎达到巅峰。著名航海家郑和七次航海，所乘的"宝船"绝大部分是由位于现鼓楼区西北三汊河附近的"龙江宝船厂"所造。明代的南京还是全国著名的印刷业中心，当时的国子监集中了宋元以来江南各地的木刻书版，曾多次印刷出版。明初编成的《元史》和李时珍的《本草纲目》等，都是在南京印刷出版的。明朝中期以后，在三山街一带更是书铺林立，书籍销售量很大，除了南京本地外，还运往外地。清朝时期，在南京设立规模庞大的江宁织造府，生产供应皇家需求的丝织品；民间的造纸和丝棉织业也达到鼎盛阶段，其中尤以云锦著称，南京也因此而发展成为与苏杭齐名的全国三大织锦基地之一。清初，南京的丝织业已经发展到拥有织机 3 万多台，男女织工 5 万多人，全市依靠丝织业为生的市民达 20 万人，占全市总人口的 1/3（王毅，2010）。丝织业的花色品种也比明代增多，以云锦和元缎最有名。其中，仅元缎一项的年产值就达白银 1200 万两以上。清代中后期，江宁的丝织业较前衰落，同治年间尚有织机万台。清末，在外国商品输入的冲击下，又由于"屡经荒歉，贸易日就消灭"，"机房大坏，失业尤多"，后连年大水成灾，绸缎铺户，"十闭其七"。

4.1.2　以坊巷布局为主的家庭手工业空间格局

六朝时期，建业、建康城按照"市南宫北"的格局，以宫为中心，其南北中轴线即为全城结构之主轴线。此轴线自宫城南门（大司马门）起，至内城（都城）正南之宣阳门，为一条二里长的御道；继续向南延伸至外城郭的朱雀门（聚宝门），为一条五里长的御道，诸市、手工作坊及居民闾里均布局于此五里御道以西，而其他官办手工业营署则均位于内城宫外（图 4.1）。南唐时期，在秦淮河两岸及以南的城内（门东地区）发展出许多手工业作坊，与邻街设置的商肆相结合形成行业街市，如锦绣坊、颜料坊、油坊巷、洋珠巷等。而此时的居住区则散布在全城，但整体仍以南城较为集聚，基本延续了六朝时期"御道以西为手工业、商业聚集的一般居住区，御道以东为府第集中区"的格局。宋元时期，建康都城的功能布局也基本延续了南唐的旧有基础，以集庆路城以东西干道（白下路、建业路）为界，以北为行政管理结构、军营衙署等政治、军事功能区，以南为商业、生活居住区（苏则民，2008）。

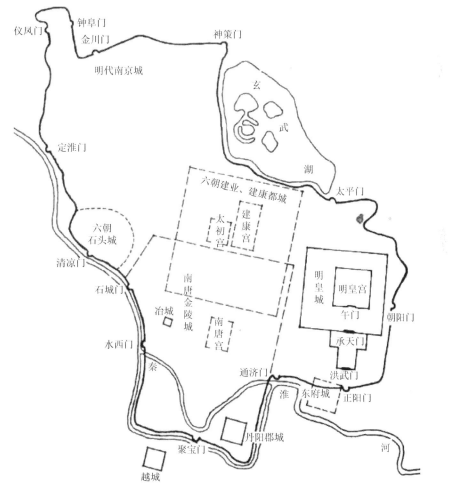

图 4.1　六朝时期南京都城空间格局

资料来源：《南京城市规划志》

元末明初，朱元璋将集庆旧民迁往云南，另从全国调集匠户、富民至京，致京城内外多工商匠户。如图 4.2 所示，明朝南京都城布局可以从四重城郭中划分为第一层京城和第二层外郭城两个层次（Yuan et al.，2016）。其中，京城以内由三大综合区构成，分别是东部政治活动综合区（含皇城和官署两个分区）、南部经济活动综合区（含市、手工作坊、居住以及仓库等分区）、北部城防区（含驻军卫所、校场、军事仓库等分区）；京城以外同样有三个功能区，即东部以孝陵为核心的陵墓区、南部为厩牧寺庙区，以及西部前临长江后接秦淮繁华市区的外延区。而在经济活动综合区内，按照官府指定地点，"百工各有区肆"。匠户按照行业分类而居，主要分布在旧城南部秦淮河两岸地带，常以职业称其聚集地为某作坊，如银作坊、弓作坊、织锦坊等。在城南 18 个坊内聚集有 10 余万匠户，划定作坊地点在一定程度上考虑了环境要素，如染坊排污、机织业通风等都予以考虑。此时的手工匠户仍以家庭手工业形式为主，规模较小，一般作坊与住宅混合在一起。

图 4.2　明代南京四重城郭示意图

资料来源：《南京城市规划志》

清朝初期，除金川、钟阜、清凉三座原明都城城门被封闭，其余古城整体依然维持明朝格局，风貌变化不大。到太平天国时期，天京政府按不同行业和工种，把手工业者编入诸匠营和百工衙，形成一批特殊的生产管理衙署。其中，瓦匠营在北门桥干河沿，木营在高井大街（建邺路），织营在内桥附近甘熙故居分五营，镌利营在复成仓大街（逸仙桥头条巷），绣饰营在土街口（新街口偏东），金匠营、金靴营、典炮衙在评事街，红粉衙在储草场旧火药局，等等（南京市地方志编纂委员会，2008）。

4.2　近代民族工业发展阶段（1840～1948 年）

4.2.1　以轻纺与军工企业为主的工业生产结构

鸦片战争后，南京经济发生重大变化，市场出现洋货，严重冲击原本自给自足的自然经济发展。太平天国运动的爆发，又致使大量商贾纷纷出走，移资上海；太平天国失败后，清军纵火焚城，南京城再次遭受重创。此时，上海开埠通商，经济重心东移，南京作为江南地区经济中心和重要商埠的地位不复存在。直到1865 年，洋务派主将李鸿章把苏州洋炮局迁到南京，并在聚宝门（今中华门）外兴建了金陵机器制造局，开创了南京近代工业的先河。之后，火药局、火箭局、水雷局、水师船厂等近代军工企业和江南铸造银元制钱总局、金陵点灯官厂（下关电厂前身）、南洋印刷官厂等官办企业，以及杨永兴机器厂、金陵机器火砖厂、同泰永机器翻砂厂、亨耀电灯厂、泰记和茂工厂等商办民用近代工业企业也如雨后春笋般纷纷落户南京，奠定了南京近代工业最早的基础，也带动了南京产业结构的近代转型。但是，随着商办民用企业逐渐发展，占据南京主要地位的传统手工业开始衰落（王毅，2010）。特别是，南京开埠通商后，沿江一带逐渐发达起来，外国资本的渗透给城市商业贸易注入了新的因素。封建传统的古城开始放眼看世界，新的观念、文化、教育与城市发展点都在慢慢地兴起。古城城市功能更加多样，开始涉及除传统手工业之外的资本主义性质的近代工业，西方文化开始渗入传统的封建教育体制中，整个社会面貌产生了很大的改变。一方面，南京的开埠通商是在不平等条约的束缚下被迫开放的，对外贸易完全处于被动地位，对自身的经济产生了严重的消极影响。1912 年以来，织机递减至千余张，出品亦无人过问，仅有电厂、造币厂之设置（南京市地方志编纂委员会，1986）。另一方面，列强在此设洋行、办工厂、掠夺原料、倾销洋货，南京自给自足的自然经济受到破坏，纺织等传统手工业遭到沉重打击。

1927 年国民政府定都后，南京人口激增，近代工业与一部分传统手工业都得到了更大的发展。尤其，《首都计划》的制定与铁路基础设施建设共同为南京工业发展提供了新的机遇和条件，包括原有军工企业在内，南京市又迅速新建了一批电厂、面粉厂、印刷厂等，使得建材、电子、化学三业成为南京近代工业三大支柱（王柯，2010）。1929年，国民政府工商部公布特种工业奖励办法，鼓励兴办新工业，奖励扶助民营企业。1930年，国民政府实业部又在南京成立中央工业试验所，本地企业得地利之便，发展更快。原有工厂不断整改和扩建，新建工厂更是不断涌现。1927～1934年，全市新建各类工厂567家，共计847家，分布于21个行业，新式工业占据明显优势（表4.1）。但是，由于帝国主义侵略和连年内战，南京总体上工业发展相对缓慢，基础十分薄弱。到中华人民共和国成立前夕，市区范围内仅有规模较小、设备简陋，且依附于外国资本的官僚资本企业38家（如中国水泥公司、江南水泥厂、永利铔厂等）；而且在帝国主义和官僚资本主义挤压下，民族资本企业更是奄奄一息，全市888户私营小企业中30人以上且使用动力的工厂仅36家，其余均为手工作坊（南京市地方志编纂委员会，1986）。

表 4.1　1934 年南京市工业统计表

类别	业别	企业数/家	资本数/元	营业数/元
食品工业	面粉厂	2	1 300 000	5 000 000
	碾米厂	39	84 200	162 500
	酒厂	2	75 000	92 000
	冰厂	14	45 000	119 000
纺织工业	缎业	61	64 700	1 120 190
	云锦业	108	24 519	187 800
	绒业	63	4 310	18 870
	绸厂	1	16 000	82 000
	布厂	3	5 500	27 000
	毛巾厂	1	700	4 000
建筑工业	砖瓦厂	8	324 000	513 760
	营造厂	480	4 342 400	4 885 090
机器工业	机器厂	20	43 700	159 300
	电池厂	1	1 000	5 000
	凿井厂	1	500	10 000
	煤球厂	2	10 000	71 000
化学工业	电镀厂	4	5 800	24 500
	烛皂厂	4	10 000	39 600

续表

类别	业别	企业数/家	资本数/元	营业数/元
公用工业	电厂	2	2 017 570	1 290 438
	自来水厂	1	2 000 000	94 584
文化工业	印刷厂	30	443 550	928 400
合计	21 业	847	10 847 449	14 834 996

资料来源：《中国经济志》（建设委员会经济调查所统计课，1934）。

4.2.2　以沿河、沿江布局为主的工业空间格局

清朝末年，随着帝国主义入侵，江宁城除了秦淮河一带的工商业区外，下关也于 1899 年正式开埠，外国商船可以从长江直入，下关自此成为外港。1905 年下关商埠局设立后，下关商埠区进行了一系列涉及码头、铁路、电厂、桥梁、道路、车站、厂房、近代建筑、市政设施、金融机构、近代娱乐等内容，全面的、有规划的近代化城市建设。这一时期，金陵机器制造局、火药局、火箭局等官办军工企业，由清廷安排布局在聚宝门（中华门）外扫帚巷、通济门外九龙桥与神木庵等地；其他近代工业企业布局则在西方资本主义影响下，以秦淮河沿岸水西门附近（如江南造币厂、南洋印刷官厂）与下关沿江地区（如金陵点灯官厂等）最为集中。之后，沪宁铁路和津浦铁路又分别于 1908 年和 1914 年建成通车，工业企业布局愈发重视运输便利，"工业之盛衰全视水陆交通便利与否以为断"。在下关沿江一带，除金陵关以上浅水江岸不能停轮设厂外，自老江口以下至观音门沿江一带江岸水深，既可停泊大轮直接出海，又可衔接沪宁、津浦铁路便于运输。此时，沿长江岸边相连有怡和、招商、三北、太古、和记洋行、首都电厂、大同面粉厂、扬子面粉厂等各家著名公司的码头和仓库，旅客上下，货物装卸，一派繁忙景象。

沿江区域的崛起改变了南京城市的整体格局。民国时期，下关新城区的地价已经大大超过老城区。在 1912 年前后，城内地价每亩最高 300 元，偏僻地方 10～20 元，下关商埠地价大致 500 元，以后虽逐渐上涨，城内地价超过 1200 元的不多，仅下关达 4000 元。这也使得后期南京城市规划和建设都有将滨江的下关新城与主城相联系的目的，城市重心逐渐北移。1929 年 12 月，由墨菲主持的南京第一部规划建设文件《首都计划》完成并予以发布，在长江两岸形成了两大主要工业集中区，江南第一工业区以发展不含毒、危险小的工业为主，江北第二工业区作为污染性工业之基地。据此，南京国民政府陆续将重要的工业项目安置在长江两岸，其中最为重要的是卸甲甸的永利铔厂和龙潭的中国水泥厂。除此以外，南京市老城范围内也散布着印刷厂和织布厂等一些小型工厂及作坊。其他新兴的近

代工业企业大多选址在老城边缘或城墙外围区域，尤以通济门外、中华门外、汉西门外、水西门、三汊河及下关地区最为集中（王毅，2010；南京市地方志编纂委员会，1986）。

4.3　计划经济时期工业发展阶段（1949～1978 年）

4.3.1　以重化工业为主的综合性工业体系

中华人民共和国成立以后，全国范围内开始了以工业建设为重点的生产性建设，南京市政府将手工业生产者组织成针织、缝纫、纸袋等生产合作社，成为首批集体性质的工业企业，同时兴办了一批私营工厂和国有企业。1949～1952 年，南京共新建、扩建了 17 个 1000 人以上和 19 个 500 人以上的骨干企业。尤其，在 1952 年国家投资 3709 万元，实施改造、兴建了南京纱厂等。对中华人民共和国成立前庞大臃肿的商业机构进行大规模调整，引导部分商业转向生产领域，工业比重上升与商业比重下降，促进了南京由消费型城市向生产型城市的转变（Wei，2015）。整个"一五"期间，全国出现急于求成的冒进倾向，南京工业生产规模也不断扩大，五年内全市共完成工业总产值 27 亿元，平均年增长率达 27.5%。1957 年，南京市工业总产值占江苏全省工业总产值比重达 22.9%，分别较 1949 年和 1952 年增长 18.7%和 11.9%，跃居全省各市首位（王毅，2010）。其中，化学工业是发展最快的工业部门之一。南京的化学工业原来有一定的基础，"一五"期间，国家又投资 4500 万元，用于永利宁厂（原永利铔厂）、南京化工厂的技术改造、设备更新和工厂扩建，还新建了南京气体厂、南京润滑油厂、南京制胶厂、南京塑料厂、五一塑料厂等 7 个化工企业。"一五"期末，全市共有化工企业 13 个，职工 6687 人，工业总产值 1.14 亿元，占全市工业总产值的 14.9%。其中，化肥产量达 17.3 万吨，占全国总产量的 1/4，南京已成为一座实力雄厚的化工城。三年调整期，全市工业开始向生产资料为主的重工业转型，1965 年轻重产值比为 45∶55。"文革"期间，国家又在南京新建和改扩建了南京化纤厂、南京汽车厂、南京炼油厂等，进一步促进了南京工业结构向重化工方向发展（Wei，2015）。"文革"结束后，工农业生产得到了较快的恢复，南京化纤厂、南京无线电厂、南京化工公司等 52 家大中型企业得到了国家重点支持，积极引进实用的先进技术，经济实力和生产能力获得极大提高，机械工业、电子仪表、建材水泥、轻纺、交通运输设备制造等一度超过轻纺工业，成为南京工业的主体（表 4.2）。工业门类增多，配套能力增强，一些相关程度密切的产业群相继形成，奠定了南京以重化工业为主体的产业基础，产业结构在变动中渐趋定型。

表 4.2　计划经济时期南京市主要工业企业净产值比较　单位：万元

行业部门	1957 年	1962 年	1978 年	行业部门	1957 年	1962 年	1978 年
冶金工业	331	856	5 137	建材工业	3 082	2 712	9 240
电力工业	2 660	—	18 657	木材加工工业	259	599	758
煤炭工业	2	13	−54	食品工业	2 087	2 811	8 213
石油工业	13	71	26 206	纺织缝纫及皮革工业	1 302	4 639	18 195
化学工业	4 990	3 240	22 654	造纸及文教用品工业	766	733	2 760
机械工业	3 530	11 199	60 666	其他工业	3 718	1 033	3 196

资料来源：《南京统计年鉴（1949～1978）》。

4.3.2　以工业基地为载体的集中式空间格局

中华人民共和国成立之初，城市政府在着手城市建设的同时，逐渐改变了以前单一的傍河依水、沿路分布以及各行业企业杂乱分布格局，通过规划引导同一行业的企业集中成片发展。按照"填补空白、由内向外、紧凑发展"的原则，南京初步形成了以金陵村上元门一带为无害工业及造船、纺织等工业区，江东门、白鹭洲以南为有害工业区，同时建成区内保留部分无害工业的整体格局。根据1954 年的《城市分区计划初步方案（草案）》，工业区仍然主要沿江布置，城北中央路以西地区安排对水体有污染的工业项目，城南上新河镇西南沙洲圩区安排对大气有污染的工业项目（图 4.3）。具体地，又细分为电子工业区（以迈皋桥为中心）、机器工业区（尧化门、仙鹤门、麒麟门一带）、水泥工业区（有石灰岩分布的龙潭）、化工工业区（永利宁厂所在大厂镇）、砖瓦工业区（神策门外）、木材加工区（上新河、新河口沿江一带）、食品加工区（三汊河）、轻工业区（城内中华门、门东、门西沿城墙地区）等。于是，在城市内部逐渐形成了工业用地与居住、商业混杂交错的空间格局（图 4.4）。

之后，随着国家对私有制的社会主义改造基本完成，中央又要求"城市不要追求大气派、大摊子，要尽量减少拆迁，节约投资"。于是，南京城区内部除个别有害工厂逐步迁移外，其他均承认现实；而新建和扩建的工厂则根据经济和安全兼顾的原则，分别集中在中央门外和中华门外两处工业区。1958 年，行政区划调整后，根据全国青岛会议（第一次全国城市规划工作座谈会）精神，南京市重新制定城乡规划，将龙潭、燕子矶、甘家巷、淳化和凤凰山划定为新的工业区，但是由于经济上急于求成，南京市城乡经济秩序混乱，许多民房被占，工业厂房见缝插针、散乱地分布在城市内部（南京市地方志编纂委员会，2008）。同时，土地无偿使用的政策和企业负责的社会组织结构，也导致部分工厂在之后的扩建过

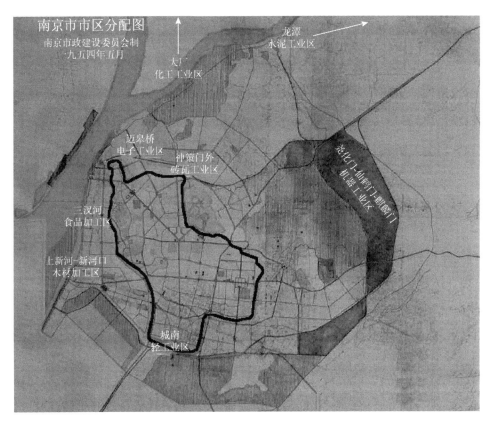

图 4.3　南京城市分区计划用地分配图（1954 年）

资料来源：南京城市建设档案馆

程中，形成工厂办社会的局面，各单位各自兴建独立的仓库、宿舍、食堂等附属配套设施，最终形成"小而全"的单位大院（夏蓓和邓攀，2014）。

　　为了配合工业"大跃进"，南京开始跳出城区向外扩张，工业项目纷纷上马，1958 年即选定新建工厂厂址 130 处，核拨各种建设用地 1208 万平方米。当时全国盲目宣扬"地大物博"，南京也因建设实践中疏于规划管控，出现了大量浪费土地现象，致使建成区面积在短短三年中增加了 27 平方公里，增幅近 50%。1960 年底，国家开始检讨反思"大跃进"的失误，南京市也提出"压缩城市人口，严格控制城市土地，支持农业建设"的城市建设方向。市政府决定迁出一批工厂、学校和服务性行业，同时加紧发展郊区和三县小城镇建设，以吸收外迁单位。到 1965 年，南京电子工业、石油化工、汽车制造等进入起步阶段，并初步形成了中央门外机电工业区和燕子矶化工区。"文革"期间，由于园林绿地和一些公共建筑被作为封、资、修的东西遭到侵占和破坏，工业成为

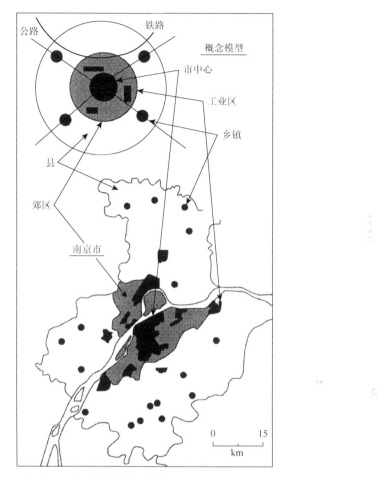

图 4.4　中华人民共和国成立初期南京城市空间结构概念示意图

资料来源: Yeh 和 Wu (1995)

城市空间扩展的主动力。仅 1970~1976 年,全市就有新建、扩建大中型工业企业 15 家,增加工业用地 400 公顷。之后,南京市针对城市内部住房紧张、交通拥挤、服务设施不完善等问题,又提出"改造老城区,充实配套新市区,控制发展近郊工业区,重点发展远郊城镇"的城市建设思路(南京市地方志编纂委员会,2008)。1978 年,南京市建成区内工业仓储用地 21.31 平方公里,占建成区面积比重 21.85%。整个城市基本呈现出同心圆式的空间格局:以鼓楼和新街口为中心点,2 公里为半径的椭圆形范围内是中心区,有省、市及军区首脑机关,商业、文化、金融中心,大专院校,居住区和少量零星工业;而沿城墙内外 3~4 公里的椭圆形一环为机械、电子、纺织等工业密集区(图 4.5)。

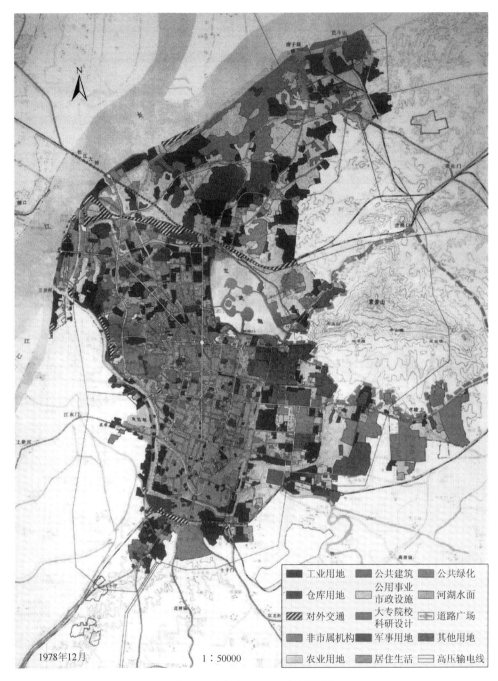

图 4.5　南京市区 1978 年用地图

资料来源：南京城市建设档案馆

4.4　改革开放初期工业振兴阶段（1979～1992 年）

4.4.1　以消费品和原材料为主的工业发展结构

经过中华人民共和国成立后 30 多年的努力，南京在改革开放初期已建立了以重工业为特色的比较完整的工业体系，重工业比重明显高于全国平均水平。而在 20 世纪 70 年代的工业投入都偏重重工业，造成轻重工业比例失衡，消费品供应紧张（夏蓓和邓攀，2014）。改革开放以来，南京工业经过频繁的整顿和改造，逐渐进入新的振兴时期。20 世纪 80 年代开始，根据全国计划会议提出的对轻工业实行"六个优先"（原材料、燃料、电力供应优先，挖潜、革新、改造措施优先，基本建设优先，银行贷款优先，外汇和引进技术优先，交通运输优先）的原则，南京市开始注重协调轻重工业比例，加快轻纺工业发展，使重工业比重下降，消费品短缺现象缓解。尤其，许多产能巨大的国防工业也开始转型，积极发展民用产品，开始拓展商品领域，先后试制和生产了电视机、电冰箱等轻工业产品。仅 1980～1984 年，民、军产品比重就由 3∶7 扭转为 7∶3，南京的轻工业生产也从改革开放前远不能满足人民生活需要，向逐步繁荣转变（表 4.3）。

表 4.3　1976～1985 年南京市工业总产值比较　　　　　单位：亿元

年份	总计	部属	省属	市属	县属	轻工业	重工业
1976	42.57	4.49	13.94	22.25	1.88	12.86	29.70
1980	69.93	9.07	21.69	34.18	4.06	25.16	44.67
1984	97.39	31.99	11.87	45.92	10.16	36.61	60.77
1985	118.46	43.35	4.43	57.56	13.12	42.80	75.70

资料来源：《南京简志》（南京市地方志编纂委员会，1986）。

1984 年，南京成为全国经济体制改革综合试点城市。以国有企业改革为重点的城市经济体制改革的逐步推进，促使南京工业真正走上稳步快速发展的轨道，工业生产保持着上升的势头（Wei，2015）。第二次全国工业普查数据显示，南京市轻工业偏重以农产品为原料的生产，重工业则以加工业为主（表 4.4）。但相比之下，重工业的整体利润水平（利润总额 14.57 亿元，利润率 15.3%）高于轻工业（利润总额 3.41 亿元，利润率 9.59%），发展重工业的效益、优势十分明显；而重工业中原料工业企业集中度非常高，企业平均产值 1386 万元，又远高于加工业 400 万元的平均产值。因此，从 20 世纪 80 年代后期开始，在轻工业产品产量继续提升、产品日益丰富的基础上，南京工业再度向高效益、高利润、资金和技术密集的重工业倾斜，尤其是具有规模效益的原料工业地位不断上升，而纺织、食品等轻工业在工业结构中的地位则不断下降。到 1990 年，南京工业总产值 200.2 亿元

（1980 年不变价），其中轻工业仅 60.47 亿元，轻重工业比例为 30.2∶69.8；在全市 36 个工业行业中，产值超过 10 亿元的依次为化学工业（42.13 亿元）、电子及通信设备制造业（28.90 亿元）、石油加工业（28.76 亿元）、机械工业（23 亿元）、交通运输设备制造业（18.12 亿元）、纺织业（13.82 亿元）、黑色金属冶炼及压延加工业（13.32 亿元）、食品制造业（11.47 亿元）、建筑材料及其他非金属矿物制品业（10.52 亿元），前五大门类产值占工业总产值比重达到 56.46%。1991 年，南京编制"八五"计划时，市委、市政府就已着手研究工业发展战略问题，并提出要将南京建设成为全国重要的石油化工、电子、汽车工业基地，并于同年 7 月成立"电汽化"专家咨询委员会，协助制定战略规划。随后，包括冶金工业在内的特色产品也被纳入战略规划，从而最终形成了"电汽化特"的战略思路。

表 4.4　1985 年南京市工业总产值比较（1980 年不变价）

工业部门	企业数/家	产值/亿元
轻工业	1476	42.51
以农产品为原料	920	26.83
以非农产品为原料	556	15.68
重工业	1456	73.68
采掘工业	136	1.70
原料工业	193	26.57
加工业	1136	45.41

资料来源：第二次全国工业普查南京市资料汇编。

4.4.2　以郊区卫星城镇为主的工业空间格局

改革开放前，南京城区范围内集中了千余家工业企业，由于产业布局的缺陷和对工业和生活污染治理的忽视，这些企业对城市环境造成的污染日趋突出。于是，南京市开始着手调整市区功能布局，老城区内工业生产发展主要依靠调整、挖潜、革新、改造来实现，对于新建或较大的改建项目，原则上一律安排到卫星城镇。而市区内"三废"污染严重、布局分散，且经济效益较差、无力自行治理的工厂和仓库，则通过关、停、并、转和专业化协作生产的方式，有计划、按步骤地迁并到门类相近的大型厂矿或工业集中区（如电镀、铸造、锻压等）。1980 年，市政府提出要在三年内将长征化工厂、战斗化工厂、金属冶炼厂、电镀厂等 17 家污染严重的企业搬迁出城。此后，污染企业的搬迁成为每年环境保护的重点工作之一，至 1983 年，全市共撤销微创电机厂等 83 个电镀厂（点）。市区内用地规模小，且分散在居住区内的中小型工厂，则主要通过组织工业街坊的办法解决（南京市地方志编纂委员会，2008）。

为了配合城区企业搬迁，同时改善城市功能混杂的局面，南京市在 1980 年城市规划中围绕市区向外划分成各具功能的五个圈层，分别是"市-郊-城-乡-镇"（图4.6）。其中，第三圈层即为主要的工业集中区域，包括三个卫星城（大厂、西

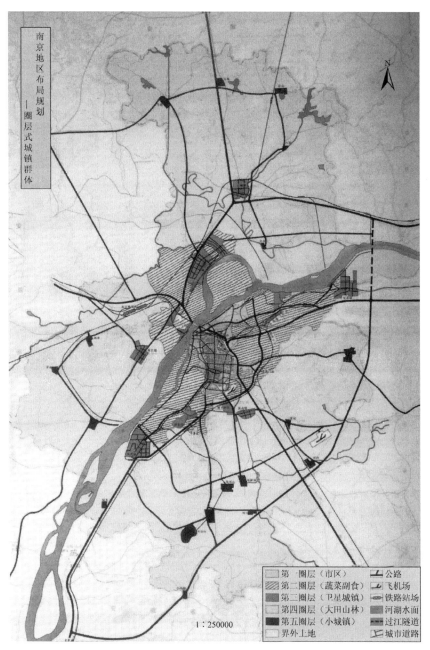

图 4.6　南京圈层式城镇体系（1980 年）

资料来源：《南京城市规划志》

善桥-板桥、栖霞-龙潭，分别发展石油化工、钢铁冶炼和建材工业）、三个县城（六城镇、东山镇、珠江镇，分别发展农机、轻纺工业和高新技术产业）、两浦地区（浦口和浦镇，以服务中转港为主）。为促进高新技术与我国社会经济的进一步结合，更好地推动我国科技体制改革和经济体制改革的进行，1988 年 4 月批准建立南京浦口高新技术外向型开发区；1991 年 11 月，正式更名为南京高新技术产业开发区；至 1992 年底，共有 34 家高新技术企业进区，全区工贸总产值超 1 亿元，利税 2000 万元，创汇 100 万美元，引领了南京的开发区及工业园区建设热潮。

4.5　市场经济时期工业发展阶段（1993 年至今）

4.5.1　以"电汽化特"为支柱产业的工业发展结构

依据邓小平南方谈话精神，南京市加快实施以"电汽化特"为重点的产业结构调整，使得支柱产业的集聚度逐年上升，电子、汽车、石化、钢铁等支柱产业在全市工业经济总量中的份额越来越大，传统产业的竞争力得到强化。1993 年 3 月，南京市十一届人大一次会议通过调整后的《国民经济和社会发展规划纲要》，要求到2000 年"电汽化特"骨干企业总产值要达到 1000 亿元以上，形成一批"以电子信息、精细化工、轻型汽车、机电一体化为主题的具有 80 年代水平的新兴产业群"（夏蓓和邓攀，2014）。到 1995 年底，全市"电汽化特"产业产值由"七五"期末的 150亿元增长到 600 亿元，占全市工业总产值比重达 73.35%，并形成了火花塞、高速齿轮箱、熊猫电子、农用车、镁合金、钢化玻璃绝缘子、显微镜、炻器、脉络宁、压缩机等一批在全国同行业中名列前茅的地方优势产品。至"九五"期末，全市近 300个产品国内市场占有率占同类产品的前五位，其中 100 多个产品市场占有率位居第一。1999 年，全市电子及通信设备制造、交通运输设备制造和石油化工三大行业拥有固定资产原值 537.88 亿元，产品销售收入 658.18 亿元，利税总额 64.51 亿元，占全市规模以上工业企业总量比重分别为 55.2%、52.5% 和 53.7%。在"电汽化特"战略实施过程中，南京又以信息化带动工业化，提升全市工业经济核心竞争力，提出发展计算机及通信设备、家用电器、汽车摩托车、石化及精细化工、建筑及建材等"五大支柱产业"的目标，工业结构调整明显（表 4.5）。

表 4.5　1992～2013 年南京市主要工业产值结构变化情况　　单位：%

行业门类	1992 年	1995 年	2000 年	2005 年	2010 年	2013 年
食品加工	4.09	3.38	2.95	2.30	2.71	2.76
纺织服装	6.94	6.90	5.46	3.67	3.97	4.24
木材及家具制造	0.62	0.92	0.93	0.15	0.25	0.25

续表

行业门类	1992 年	1995 年	2000 年	2005 年	2010 年	2013 年
造纸印刷及文教用品加工	2.48	1.84	2.16	1.21	1.15	1.52
石化及精细化工	27.99	20.76	30.28	28.53	27.43	23.29
医药制造	1.32	1.37	1.35	0.93	1.42	1.71
橡胶及塑料制品	2.42	2.69	3.16	2.02	1.78	1.35
建材加工	3.59	3.86	3.16	2.46	2.27	2.77
冶金工业	4.19	4.23	4.55	12.60	11.47	8.76
金属制品	2.04	3.31	2.42	1.56	3.02	3.07
机械加工及设备制造	14.68	14.95	12.95	9.94	14.16	13.69
交通运输设备制造	10.86	15.95	8.20	6.54	10.85	15.44
电子信息	15.55	17.10	17.72	23.53	14.63	17.03
其他工业	1.81	2.36	4.49	2.37	2.86	2.49

资料来源:《南京统计年鉴(1993~2014)》。

21 世纪以来,随着国际资本加速向长江三角洲地区转移,全球化成为南京工业化的重要推动力量,工业也开始向高端化发展(Wei,2015;陈江龙等,2014;Wei and Liefner,2012)。其工业结构在延续并升级"电汽化特"战略的同时,进一步增强电子、汽车、石化、钢铁、电力等五大优势产业和基础产业。2002 年末,"五大产业"共实现销售收入 1175 亿元,占全市工业经济比重将近 60%。其中,电子信息产业收入 283 亿元,占比 15%;汽车产业收入 151 亿元,占比 7%;石化产业收入 530 亿元,占比 26%;钢铁产业收入 161 亿元,占比 8.5%;电力产业收入 50 亿元,占比 2.6%。"十一五"期间,为不断加强产业集聚程度,推动高技术、低能耗的产业升级,南京市在"五大产业"基础上,又围绕平板显示、集成电路、通信、光伏、风电设备、轨道交通设备、电力设备等新兴产业,启动产业链建设,组织"链"上的相关企业拧成一股绳,整体参与市场竞争。新兴产业的崛起,推动了整个工业经济结构向"高、轻、优"的方向转型。2008 年金融危机后,南京市支柱产业调整为电子信息、汽车、石油化工和钢铁。之后,南京市基本形成了以智能电网与电力自动化、现代通信、节能环保、轨道交通、航天航空、新材料、风电光伏装备、生物医药等高新技术产业为先导,以电子信息、汽车制造、石油化工和钢铁冶炼四大产业为支撑,以纺织服装、轻工食品等都市工业为补充,门类齐全的综合工业体系(表 4.6)。

表 4.6　南京市 2013 年制造业各行业生产总值　　单位：亿元

行业门类	产值	行业门类	产值
农副食品加工业制造	284.32	橡胶和塑料制品业	163.73
酒、饮料和精制茶制造业	60.14	非金属矿物制品业	328.29
烟草制品业	179.71	黑色金属冶炼和压延加工业	801.61
纺织业	84.98	有色金属冶炼和压延加工业	309.72
纺织服装、服饰业	379.77	金属制品业	384.06
皮革、毛皮、羽毛制品和制鞋业	68.76	航空航天及运输设备制造业	355.60
木材加工和木竹藤棕草制品业	13.16	通用设备制造业	401.74
家具制造业	18.10	专用设备制造业	272.85
造纸和纸制品业	40.30	汽车制造业	1 637.40
印刷和记录媒介复制业	31.73	电气机械和器材制造业	788.48
文教及娱乐用品制造业	115.57	计算机与通信电子设备制造业	2 172.61
石油加工、炼焦和核燃料加工业	1 083.23	仪器仪表制造业	268.53
化学原料和化学制品制造业	1 783.90	其他制造业	0.16
医药制造业	212.28	废弃资源综合利用业	35.90
化学纤维制造业	48.94	金属制品、机械和设备修理业	6.19

资料来源：《南京统计年鉴 2014》。

4.5.2　以园区为主要载体的工业空间格局

　　1992 年邓小平南方谈话后，全国各地开发区蓬勃发展。南京经济技术开发区、江宁经济技术开发区、江浦经济技术开发区和六合经济技术开发区等一批国家级、省级开发区相继建立和发展，标志着南京工业布局转向开发区集中的新模式。通过完善的基础设施投资、优惠的政策扶持、充足的人力资源，以及雄厚的科研技术支撑，各开发区得以迅速发展。截至 2002 年底，南京市共经国家、省和市政府批准建立的开发区、工业园 26 个，总规划面积 335 平方公里，已开发面积 170 平方公里。其中，国家级开发区 4 个，规划面积 145 平方公里；省级开发区 5 个，规划面积 88 平方公里；市级工业园 17 个，规划面积 102 平方公里。到 2008 年，省级及以上开发区增至 12 个，市级工业园 28 个；另有乡镇工业园 55 个，平均规划面积 2.2 平方公里（Qian，2013）。整体上，南京形成了以长江为横轴，以宁高、宁连公路为纵轴，构建"十"字形工业空间布局框架。"两轴"贯穿全市各级开发区、工业园，并向南京都市圈的其他地区辐射延伸。沿长江形成沿江产业带，重点建设南京高新技术开发区、南京经济技术开发区、南京化学工业园、浦口经济技术开发区等国家级、省级开发园区，以及江宁滨江、桥林、龙潭等工业园区。

沿宁高、宁连公路形成沿路产业带，重点建设六合经济技术开发区、江宁经济技术开发区、禄口华商科技园、溧水经济技术开发区、高淳经济技术开发区等省市级开发区（何世茂，2009）。

与此同时，随着社会主义市场经济体制的建立和开发区的加速建设，南京的社会、经济等各方面都发生了深刻的变化，面临着经济结构和产业结构的战略调整的需要，第三产业开始迅速发展。同时，土地使用制度的改革、级差地租的运用、房地产业的发展以及大量外资的引入，进一步推动了旧城的改造。2001～2006年，南京市老城区用地审批主要以居住、道路广场和公共设施为主，占批出用地总量的 96%，而工业用地审批规模仅 6.67 公顷，占比不足 1%（表 4.7）。而且，许多老工业企业开始迈入转型阶段，老城区内工业企业的搬迁、调整、整治等工作相继展开。到 2010 年，老城区工业用地总量由 2000 年的 5.13 平方公里，减少到 1.70 平方公里，城市工业空间布局发生巨大变化。

表 4.7　2001～2006 年南京老城区以内用地审批情况　　　单位：公顷

年份	居住	公共设施	工业	仓储	市政设施	对外交通	道路广场	特殊用地	合计
2001	30.90	18.53	—	—	0.5	—	5.58	—	55.51
2002	60.68	11.73	—	—	5.22	—	87.66	—	165.29
2003	128.83	24.30	—	—	4.66	—	51.02	—	208.81
2004	61.82	35.63	—	1.95	5.27	—	137.96	—	242.63
2005	121.42	25.54	6.67	—	3.15	—	19.09	5.03	180.90
2006	29.57	28.16	—	—	4.77	—	10.37	—	72.87
合计	433.22	143.89	6.67	1.95	23.57	0	311.68	5.03	926.01

资料来源：南京市规划局城中分局。

4.6　本 章 小 结

优越的自然地理条件及交通区位优势，造就了南京古代手工业的繁荣发展，在空间上表现为与居住混杂的坊巷布局特征。近代，以官僚、买办工业为代表的民族资本主义的迅速发展，使南京的军工、轻纺等工业在全国具有举足轻重的地位，呈现沿河沿江的布局形态。中华人民共和国成立以后，在优先发展冶金、机械等重工业的方针指导下，南京形成了以重化工业为主的社会主义工业体系，并形成了以城市外围工业基地为载体的集中式空间格局。而计划经济时期过度重视工业生产造成的消费品供给缺乏，在改革开放以后得到了有效的释放，从而形成了改革开放初期以消费品和原材料为主的工业生产结构，以及以郊区卫星城镇为主的工业空间格局。1992 年邓小平南方谈话后，全国兴起开发区建设热潮，南京的开发区及工业园区建设也成为工业发展的主战场，而且在原有工业的基础上，还形成了以"电汽化特"为支柱的工业发展结构，推动城市工业逐渐从机械、化工等传统领域向电子信息、装备制造业等高端领域攀升，为南京发展创新型经济打下了良好的经济和产业基础。

南京的城市工业空间格局是在古代家庭手工业基础上，经过民族资本主义、计划经济及改革开放三个阶段逐步形成的。尤其，改革开放以来，在市场经济体制的引导下，南京市资源逐渐按照市场原则进行自由流动，促使一部分资源开始向效益更高的部门转移，促进了第三产业的快速进步，南京三次产业间产值和劳动力结构的失衡状况开始逐步改善，产业结构的协调性不断提高。但在第二产业内部，南京的工业结构明显偏重。2013 年，全市共完成规模以上工业总产值12 647.14 亿元，其中，重工业总产值 10 084.67 亿元，占全部规模以上企业工业总产值 79.74%，比全省平均水平高出 6.2 个百分点。产出规模最大的计算机及通信等电子设备制造业、汽车制造业、化学原料和化学制品制造业、石油化工四大支柱产业完成工业总产值 6677.14 亿元，占全部制造业总产值的 54.15%，重化工业结构调整压力依然较大。从城市用地结构分析，南京市 2011 年城镇用地总面积74 663.97 公顷，其中工矿仓储用地 24 700.17 公顷，占全部城镇用地的 33.08%。除建邺区商服用地略高于工矿仓储用地外，其他各区工矿仓储用地面积均超过商服用地规模 1 倍以上，尤其南京经济技术开发区所在栖霞区工矿仓储用地规模超过商服用地 10 倍多，工业空间重构形势依然紧迫（图 4.7）。

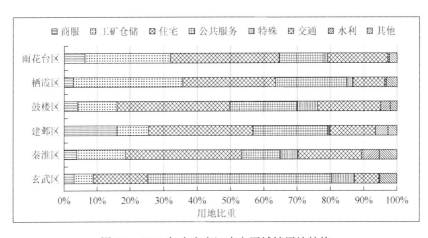

图 4.7　2011 年南京市江南六区城镇用地结构

另据南京农业大学中国土地问题研究中心调查数据，截至 2014 年底南京市主城四区（玄武区、秦淮区、鼓楼区、建邺区）共有工业厂区 103 家，总占地面积约为 112 万平方米（表 4.8）。其中，秦淮区厂区平均占地面积最大，多数企业占地面积在 10 000m^2 以上；玄武区厂区规模普遍较小，多数企业占地面积小于 5000m^2。因此，南京市主城四区约 64%的工业厂区占地在 5000m^2 以下，接近 1/4 的厂区占地超过 10 000m^2，表明工业空间仍占据主城较多土地资源，未来空间重构与改造潜力较大。

表 4.8　2014 年南京市主城四区工业厂区调查统计表

项目	玄武区	鼓楼区	秦淮区	建邺区
最小面积/m^2	77.70	356.73	5 242.27	255.09
最大面积/m^2	19 686.06	47 019.22	153 555.07	29 793.19
<1 000m^2/块	26	4	0	3
1 000~5 000m^2/块	24	0	0	9
5 000~10 000m^2/块	3	0	4	4
>10 000m^2/块	3	4	16	3
平均面积/m^2	2 141.93	15 319.19	37 953.95	6 140.84
总面积/m^2	119 948.19	122 553.55	759 079.07	116 676.02

资料来源：南京农业大学中国土地问题研究中心调查资料。

第5章　南京市区制造业空间重构与企业退出

根据城市工业空间演变概念的界定，本章首先基于企业迁移视角，分析在全球化、市场化、分权化的转型背景下，城市内部制造业企业及其就业与产出的空间重构过程，并进一步根据这一特殊的经济转型背景，对影响城市内部制造业企业退出的主要因素进行分析。

5.1　数据获取与研究方法

2013 年南京市进行行政区划调整后，高淳、溧水撤县设区，现辖 11 区。但是为了口径统一，并考虑研究时段内南京行政区划分实际，依然沿用行政区划调整前的 11 区 2 县划分，并选择其中 11 区为研究区域。为刻画制造业空间重构特征，研究采用四种方法将研究区域进行划分：首先，根据行政区界，将南京市 11 区划分为核心区（玄武、鼓楼、白下、秦淮 4 区）、主城区（建邺、下关、雨花台、栖霞 4 区）和郊区（江宁、浦口、六合 3 区）三个圈层（肖琛等，2013）。其次，借鉴周一星和冯健（2002）的观点，将南京人口、工业的扩散迁移源地明城墙范围作为城市中心；并在考虑实际经济生活联系基础上，将研究区域划分为老城区（明城墙以内）、中心区（城墙-绕城公路之间）、近郊区（绕城公路-绕越高速之间）和远郊区（绕越高速以外）4 个圈层（图 5.1）。再次，本章还以乡（镇、街道）为基本分析单元，以刻画研究时段内制造业从业者的更细致空间分布规律。最后，为进一步探究不同开发区域内制造业聚集情况，研究采用核密度函数估计方法对制造业企业空间分布特征进行表征，以克服开发区与行政区界线不吻合的弊端。

鉴于本书主要关注企业退出及其用地调整过程，因此南京市制造业空间变化数据主要来自 2001 年基本单位普查数据库和 2008 年第二次经济普查企业数据库的历史数据。根据企业名称、地址、成立时间、营业收入、年末从业人员、行业代码、企业类型等信息，并将两个年份制造业企业地址与 Google 地图的空间信息进行逐一人工匹配，剔除地址等信息不明确的样本。最终，制造业总体空间结构分析采用 2001 年和 2008 年全部制造业企业数据，而企业空间退出与进入影响因素分析则分别选择 2001 年和 2008 年大中型制造业企业（从业人员超过 300 人）样本数量 122 个和 290 个（表 5.1）。本章研究还结合了全国企业信用信息公示系

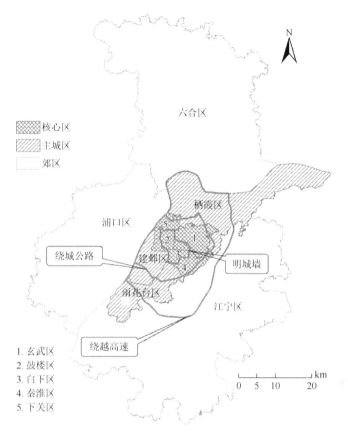

图 5.1 研究区及其圈层划分

统（江苏）中的企业变更记录，以及作者于 2014 年 10 月至 2015 年 6 月对南京市若干家企业进行的实地与电话访谈所获取的一手资料。

表 5.1 南京市大中型制造业企业样本

年份	企业个数		从业人员		营业收入	
	个数	占比/%	万人	占比/%	亿元	占比/%
2001	122	1.45	21.5	29.02	241.8	50.21
2008	290	3.32	36.1	54.26	51 551.6	80.00

采用描述性统计分析（descriptive statistic analysis，DSA）与探索性空间数据分析（exploratory spatial data analysis，ESDA）方法，比较 2001 年和 2008 年两个时间点，全部大中型制造业企业的从业人员、营业收入等空间分布情况；并进一步通过企业网站、电话访谈、工商登记信息查询等方式，追踪 2001 年 122 家大中型企

业区位调整策略选择，以刻画南京市制造业企业空间变迁的过程与格局特征。具体地，为刻画不同空间尺度下的制造业空间变迁规律，分别对前述三种空间分类方法下的制造业企业数、从业人员、营业收入等分布格局进行统计描述；同时，为进一步探究不同开发区域内制造业聚集情况，研究还采用核密度函数估计方法对制造业企业空间分布特征进行表征，以行政界线分割造成空间不连续。核密度估计一般通过测度研究区域中单位面积上事件数来估计点 p 的密度，记为 $\lambda_h(p)$，其估计值为

$$\hat{\lambda}_h(p) = \sum_{i=1}^{n} \frac{1}{h^2} k\left(\frac{p - p_i}{h}\right) \tag{5.1}$$

式中，$k(\cdot)$ 为核函数；p 为待估点的位置；p_i 为落在以 p 为圆心、h 为半径的圆形范围内的第 i 个企业的位置；h 为带宽，即以 p 为源点的曲面在空间上延展的宽度，h 值的选择会影响到分布密度估计的平滑程度，在具体应用中，h 的取值是有弹性的，需要根据不同的 h 值进行试验。

5.2　南京市区制造业空间重构的过程特征

5.2.1　制造业空间分布不断郊区化

2001～2008 年，南京市制造业企业的空间分布呈现出明显郊区化趋势。2001 年，全市近 3/4 的制造业企业分布于核心区和主城区范围内。尤其，绕城公路以内中心城区制造业密度最高，以占全市不足 10% 的土地面积承载了 64% 的企业，吸纳了 61% 从业人员，完成了 58% 的营业收入。到 2008 年，超过一半的制造业企业分布于郊区，较 2001 年增长 30.8 个百分点；而核心区和主城区企业数量则占比例分别下降 20.8 个百分点和 10 个百分点。从业人员与营业收入也表现出类似的重构规律（表 5.2）。

表 5.2　2001～2008 年南京市制造业空间重构情况

空间范围		企业个数			从业人员			营业收入		
		2001 年/%	2008 年/%	变化/个百分点	2001 年/%	2008 年/%	变化/个百分点	2001 年/%	2008 年/%	变化/个百分点
行政区	核心区	41.8	21.0	−20.8	45.8	33.3	−12.5	44.3	36.0	−8.3
	主城区	32.8	22.8	−10.0	23.6	20.1	−3.5	23.5	24.3	0.8
	郊区	25.4	56.2	30.8	30.6	46.5	15.9	32.3	39.8	7.5
圈层	老城区	27.1	11.0	−16.1	30.4	21.9	−8.5	31.8	30.6	−1.2
	中心区	36.9	18.6	−18.3	31.1	17.9	−13.2	26.6	10.9	−15.7
	近郊区	13.1	30.7	17.6	10.0	29.9	19.9	9.8	17.2	7.4
	远郊区	23.0	39.7	16.7	28.5	30.3	1.8	31.8	41.3	9.5

具体而言，南京市制造业郊区化特征主要表现为：一方面，城市中心区制造业企业空间腾退，向郊区搬迁。2001 年，南京市共有大中型制造业企业 122 家，其中位于绕城公路以外 46 家。到 2008 年，绕城公路以内的 76 家企业倒闭（注销或吊销营业执照）9 家，无法查询有效信息 2 家；另有，37 家企业整体搬迁至外围郊区，其中 33 家企业完全退出用地用于商业与住宅开发，4 家企业自行对旧厂区进行改造再利用；14 家企业仅对生产部门进行搬迁，但仍在中心区保留了部分产权用地作为企业管理或研发部门。其余未进行区位调整的 14 家企业中，有 9 家原始区位即位于中心区边缘，紧邻绕城公路，5 家主营业务由制造转向销售与生产性服务。另一方面，新成立企业也更倾向于在外围郊区选址，加速了制造业的郊区化进程。2008 年的 290 家大中型企业中有 102 家成立于 2001 年之后，其中 89 家选址于绕城公路以外，占总量的 87.3%；分布于绕城公路以内的制造业企业仅 13 家，且多为食品制造、医药合成、电子加工、服装制造、木材加工等行业。尤其，落户在明城墙以内的新企业仅 2 家，分别为南京圣诺热管有限公司和幸星电子（南京）有限公司。

5.2.2　形成以开发区为主的专业化集中分布区

2001 年，南京市 64% 的制造业企业分布于绕城公路内，占据着城区不少优势区位。虽然也有部分企业厂区相互邻近，但相互之间资源共享与合作关系并不明显。2008 年，绕城公路内制造业企业占比不足 1/3，从业人员数占比降至 40%，制造业从业人员空间分布变化明显（图 5.2）。与此同时，在城郊地区初步建成了以电子信息、高端装备、生物医药、智能电网等为重点的制造业产业基地，总体呈现出"大分散、小集中"的分布格局。乡（镇、街道）尺度的制造业从业人员密度分布规律也表明，浦口区顶山镇、六合区的卸甲甸和西厂门街道、江宁区的东山和秣陵街道、雨花区的板桥街道、栖霞区的栖霞和燕子矶街道、玄武区的红山和锁金村街道、白下区的瑞金路街道等近郊区成为制造业高度密集地区。

从制造业从业人员的集中分布态势可以发现，2000~2010 年的制造业从业人员向主要乡镇集中，职住偏离系数由 0.4838 增至 0.5417，从业人员比例较小的乡镇从业人员有所减少，而主要制造业集中的乡镇从业人员则明显增加（图 5.3）。另外，从各区县制造业分布的比例变化来看，2001~2008 年南京市核心四区下降趋势明显。尤其，玄武区的企业个数、从业人员、营业收入分别减少了 5.23%、7.76% 和 10.87%。随着中心区企业不断向外搬迁和城市外围开发区的加速发展，江宁和六合成为吸纳制造业企业的主要区域，2008 年两区企业个数分别增加了 17.79% 和 10.55%。从用地情况分析，城墙包围的老城区内工业用地由 20 世纪末的 5.12 平方公里减少到 2007 年的 2.25 平方公里，且主要为企业的管理或研发部门用地。

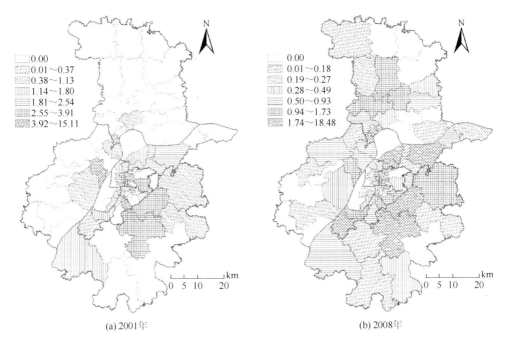

(a) 2001年　　　　　　　　　　　　　　　(b) 2008年

图 5.2　2001 年和 2008 年南京市制造业从业人员比重分布变化图

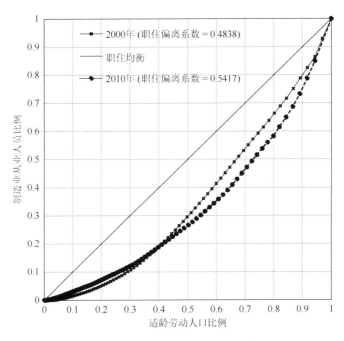

图 5.3　乡镇街道尺度的职住匹配关系

直线为绝对均匀线，曲线为洛伦兹曲线

　　从具体的制造业集聚格局来看，开发区成为其重新集聚的主要载体。2008 年，南京市共有省级及以上开发区与工业园区 12 家，规划工业用地面积 225.44 平方公里（Wei，2015）。除此之外，还有市级审批工业园区共计 28 家，乡镇及村级园区 55 家（Qian，2013）。第二次经济普查数据显示，上述各类开发园区共吸纳了全市 36% 的大中型制造业企业和 41% 的从业人员，完成 49% 的营业收入（图 5.4）。其中，仅省级及以上开发区就完成业务总收入 5044.29 亿元、财政收入 79.71 亿元、吸引外商投资 13.19 亿美元，分别占全市比重 72%、21% 和 56%，成为重要的制造业集聚区。

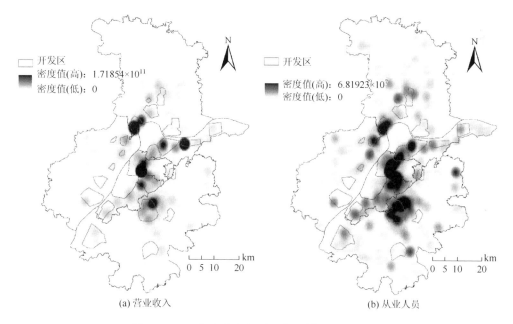

图 5.4　2008 年南京市主要开发区制造业分布密度

5.2.3　制造业空间重构的过程模式

　　结合第 4 章分析和上述空间变化特征，可以看出，南京制造业空间演变经历了"极核式-圈层式-点轴式"的发展历程（图 5.5）。计划经济时期，大部分制造业企业围绕城市中心布局，表现为"极核式"空间分布形态。改革开放以后，随着土地制度改革，部分制造业企业开始向郊区搬迁；20 世纪 90 年代中期以来，市场化改革的加速，进一步推动城市大规模"退二进三"，制造业空间圈层格局出现。2000 年后，伴随开发区建设热潮及基础设施的不断完善，绝大多数制造业企业沿主要干线路网（如沪宁城际、沪宁高速、宁巢高速、机场高速、宁芜公路、宁六公路等）分布于开发区或工业园区内，形成了的"点轴式"空间分布格局。

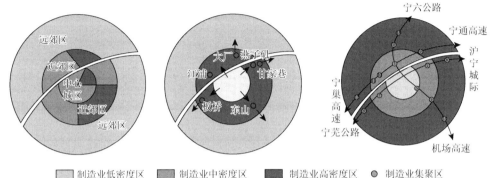

1. 南京高新技术开发区　　　2. 南京经济技术开发区　　　3. 江宁经济技术开发区　　　4. 南京化学工业园区长芦片区
5. 白下高新技术产业园区　　6. 江宁滨江经济开发区　　　7. 雨花经济开发区　　　　　8. 栖霞经济开发区
9. 南京化学工业园玉带片区　10. 浦口经济开发区　　　　11. 南京高新技术开发区三桥园区　12. 桥林开发区　　　　　　13. 六合经济开发区　　　　14. 江宁开发区禄口园区

图 5.5　南京市制造业空间演变过程示意图

5.3　南京市区制造业企业退出影响因素

5.3.1　基于经济转型背景的计量分析

基于上述转型背景分析，本节主要讨论全球化、分权化与市场化等过程对制造业空间变迁的影响。选择 2001 年大中型制造业企业为样本，定义企业发生空间变迁（搬迁、扩建、新建等）为1，否则为0。企业的空间变迁概率 $P（Y=1）$ 会随着解释变量取值不同而发生变化，构建具体的 Binary Logistic 回归模型如下：

$$P(Y=1 \mid x_1, x_2, \cdots, x_m) = \exp(\beta_0 + \sum \beta_i x_i) / [1 + \exp(\beta_0 + \sum \beta_i x_i)] \quad （5.2）$$

$$\text{logit} P(Y=1 \mid x_1, x_2, \cdots, x_m) = \ln\left(\frac{P}{1-P}\right) = \beta_0 + \sum_{i=1}^{m} \beta x_i \quad （5.3）$$

对于解释变量则基于理论分析分别从全球化、市场化、分权化等经济转型过程选择。首先，现有研究通常选择外商投资作为全球化对地方经济发展影响的重要表征（Gao et al., 2014b），而外商投资需要由企业主体完成，即区域尺度的外资因素在企业尺度可以由资本组成来表征。基于此，设置"是否为外资参股企业"二元变量，以表征全球化要素对制造业空间变迁的影响。其次，不同产业类型的企业受全球经济体系的影响也存在较大差异（贺灿飞等，2010；Fan and Scott，2003），因此还对企业所处行业的外向性程度进行测算。再次，中国式分权同时包含政治集权与经济分权两个过程（唐鹏，2014），而为促进辖区经济发展，地方政府往往采取一系列措施来影响企业区位行为，开发区建设是其中最重要途径之一（Yuan et al.，2014）。同时，城市政府还积极引导城区企业"退二进三"，以改善城市环境、提高城市竞争力。因此，通过企业是否位于开发区和是否位于城区，来衡量分权化对制造业空间变迁的影响。然后，改革开放以来的社会主义市场经济制度，直接导致了城市土地市场的建立和非公有制经济的发展，并成为影响城市制造业空间的重要因素（Liu et al.，2015；Lin and Ho，2005）。因此，选择企业所处地段的土地市场价格和是否为非公有制经济，作为衡量市场化程度的指标。最后，为控制模型回归效果，本书还将可达性及产业引导政策等区位与制度因素纳入分析模型。具体变量的赋值标准如表 5.3 所示。

表 5.3　城市制造业空间变迁的影响要素及赋值标准

类型	变量	编码	赋值
因变量	企业空间变迁	Y	倒闭、搬迁、扩建等空间变迁赋值为 1，否则为 0
全球化	是否外资	X_1	外商投资或控股企业为 1，其他为 0
	产业外向度	X_2	产业利用外资占比/产业总产值占比
分权化	是否开发区	X_3	企业位于省级以上开发区内为 1，否则为 0
	是否位于城区	X_4	企业位于绕城公路以内为 1，否则为 0
市场化	土地价格	X_5	企业所处地段工业用地基准价格
	是否非公有制	X_6	私营或非公有制联合内资企业为 1，其他为 0
控制变量	到机场距离	X_7	企业到禄口国际机场的最短时间
	到高速距离	X_8	企业到最近高速互通口的最短时间
	是否污染企业	X_9	企业属于纺织印染业等污染行业为 1，其他为 0
	是否高新技术	X_{10}	企业属于《江苏省高新技术产业统计分类目录》确定行业为 1，其他为 0

　　通过对 2001 年基本单位普查企业信息整理分析，发现不同类型制造业企业具有不同的空间行为偏好（表 5.4）。与理论预期不同，外资企业并未表现出明显的空间调整倾向（张维迎等，2003）。一方面，由于中国的城市空间重构更多是政府行为驱动（Ye，2014），而外资企业受政府影响相对较小；另一方面，外资企业与内资企业区位存在一定的"空间错位"（spatial mismatch），导致其空间变迁概率相对较小（Wei et al.，2013）。类似地，所属行业外向度水平越高的企业，其空间调整倾向也越低，反而受全球经济体系影响较小行业内的企业更易进行空间变迁。相比于开发区内的企业，位于绕城公路以内企业具有更大的空间调整偏好；相比于外资企业，内资企业的非公有制企业更易发生空间变迁，但这一概率较公有制企业要低。一方面，由于非公有制企业同属内资，其区位选择也会受地方政府决

策的影响；另一方面，不同于公有制企业，非公有成分越多市场决策机制越完善
（Liao and Wei，2012）。从土地利用情况来看，空间重组企业用地价格明显高于未
重组企业，反映了土地市场建设对制造业空间变迁的重要影响；交通区位方面，
靠近高速互通和机场的企业空间变迁偏好相对较小，距离市中心越近的企业偏好
越大；现阶段污染企业比新技术企业具有更大的空间调整诉求。

表 5.4　南京市不同类型大中企业空间行为偏好

企业性质	外资	产业外向度*	位于开发区	位于城区	地价水平*	非公有制**
空间变迁	10（31%）	1.09	20（51%）	49（65%）	1 755	36（59%）
未变迁	22（69%）	1.21	19（49%）	26（35%）	1 550	25（41%）

企业性质	距离中心商务区*	距离高速互通*	距离机场*	污染企业	新技术企业	公有制
空间变迁	37 611	13 433	74 555	13（59%）	4（29%）	39（64%）
未变迁	38 065	12 050	70 683	9（41%）	10（71%）	22（36%）

*取值为所有企业平均水平，其他取值均为企业个数，括号内为所占比重；**仅内资企业。

　　采用 Binary Logistic 回归模型对 2001 年主要大中型企业空间变迁概率进行模
拟，平均预测准确率均大于 60%（表 5.5）。从转型的三个过程来看，是否位于开
发区或城区所表征的分权化过程对制造业空间变迁的影响最大，模型Ⅱ预测准确
率为 67.2%。模型Ⅰ表明，在保持控制变量相同的情况下，外资企业的空间变迁
发生概率（odds）较内资企业约小 0.7；同样，产业外向度提高 1 个单位导致企业
空间变迁发生概率约降低 1.7，再次印证了全球经济体系并未促进城市制造业空间
重构，反而在一定程度上抑制了制造业企业的用地腾退。模型Ⅱ表明，位于开发
区的企业空间变迁发生概率显著降低，而绕城公路以内制造业企业空间重组发生
概率则明显高于绕城公路以外地区。模型Ⅲ表明，土地市场的逐步完善使得城市
土地级差地租在制造业空间重构过程发挥越来越显著的作用，地价每上升 1 个单
位企业空间重组发生概率约提高 0.6；企业的非公有制，也会提高其空间重组发生
概率。从控制变量系数看，越远离机场和高速互通等交通设施的企业，其空间重
组发生概率越大；同样，受政府产业政策等的影响，污染企业更倾向于进行空间
重组（模型Ⅰ和模型Ⅳ），而高新技术企业则更具有生产空间延续性（模型Ⅰ、模
型Ⅲ和模型Ⅳ）。

表 5.5　南京市制造业企业空间退出 Logistic 回归结果

解释变量		模型Ⅰ	模型Ⅱ	模型Ⅲ	模型Ⅳ
全球化	是否外资	−0.7029*			−0.4136*
	产业外向度	−1.7354**			−1.4213**

续表

解释变量		模型 I	模型 II	模型III	模型IV
分权化	是否开发区		−1.4342**		−0.8809*
	是否位于城区		1.4330**		0.1778
市场化	土地价格			0.6513*	−0.0663
	是否非公有制			−0.5561*	−0.3650*
控制变量	到机场距离	1.2213**	3.2935***	1.3080**	4.0051***
	到高速距离	1.2434**	0.4610*	1.6485**	1.1300**
	是否污染企业	0.7907*	−0.2964	0.1728	0.7361*
	是否高新技术	−0.7907*	0.2707	−0.5085*	−0.4816*
信息准则		183.2	169.0	185.4	174.9
准确率		65.6%	67.2%	63.1%	66.4%

*为90%显著水平；**为95%显著水平；***为99%显著水平。

5.3.2　基于田野调查访谈的实证分析

　　在文献综述的基础上，经过实地访谈调研，本章认为，影响制造业企业空间变迁的因素主要是以市场经济体制的不断完善，造成企业生产经营成本上升。从空间变迁的形式上看，规模较大企业往往采取部分搬迁或新址扩建等形式，而小企业的空间变迁形式则多为完全搬迁或厂房租让。具体地，为获取全面细致的分析结果，本章选择的 22 名访谈对象主要包括政府管理人员、原企业管理人员、新空间经营主体、原企业退休或下岗职工、企业旧址周边居民等（图 5.6）。

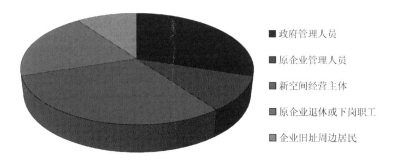

■政府管理人员

■原企业管理人员

■新空间经营主体

■原企业退休或下岗职工

■企业旧址周边居民

图 5.6　南京市制造业企业空间变迁访谈样本

从访谈对象反馈的结果可以得出如下结论。

第一，企业创新能力是部分制造业企业从城市内部甚至市场竞争中退出的主要原因。特别对于集体所有制的中小企业，本身缺乏一定规模效益，因此在缺乏技术创新的情况下，很难适应行业内的激烈竞争，在生产成本不断上涨的压力下，不得不进行空间退出，当空间调整不能解决生产遇到的问题时，企业就面临倒闭的风险。南京某机械厂管理人员介绍说：

> 近几年技术更新换代特别快，我们厂子在这方面没什么优势，当时设备也不行，本身员工素质跟别人也没法比。从去年开始，我们跟某连锁酒店签订协议，把厂房出租给他们，租金入股……
>
> （访谈对象：南京某机械厂原管理人员，访谈时间：2014 年 10 月）

第二，市场需求对部分制造业企业转型产生外在激励。随着城市居民物质生活条件改善，对产品消费的多样化需求也不断增加，对传统制造业企业的工艺改进和多样化生产提出要求，当企业无法适应市场条件变化时，就面临转型挑战。正如南京某电器制造厂下岗职工所介绍的：

> 厂子能不能开好，最关键就是看它能不能跟上市场。我们单位在成立初期，为了解决家庭妇女的就业问题，主要是做纸箱包装，后来发展成印刷；到 20 世纪 80 年代，人们开始注重穿着，原来厂子分出一家做服装；再到 90 年代，因为服装对设计要求比较高，我们没有这方面人才，而且我们本身就是集体企业，所以这些东西也不能跟民营企业比，慢慢我们单位的销售市场萎缩，最后就撑不下去了，我们好多人都被买断工龄。现在，原来那些地方都租出去了，不过租金还是我们单位的……
>
> （访谈对象：南京某电器制造厂下岗职工，访谈时间：2014 年 10 月）

第三，交通成本也会促进城市内部制造业企业退出。往往制造业企业具有一定的物流和交通运输需求，因此在交通便利、物流成本越低的区位，其运营成本也相对较低；反之，在城市内部受城市交通拥堵、运载限制等因素影响，企业运营成本会大幅提升，也会导致企业产生向外搬迁的经济激励。特别是，对那些在计划经济时期形成的老厂，往往布局在城市中心，且与居民区交错：

> 其实说实在的，我们厂本身并没什么污染，虽然有点噪声，但是我们当时是"朝九晚五"，不是"三班倒"的，所以对周围居民影响并不大。主要是我们自己觉得在这边不方便，外面的大型物流车子什么的都进不来，我们那个路口经常堵车。而且，在城市里面大货车也是受到限

制的，所以我们这一块成本就上去，最后没办法只能往外面搬，现在搬
到雨花台那块……

（访谈对象：南京某机床厂退休员工，访谈时间：2014 年 10 月）

第四，城市地价上涨构成了制造业企业空间转型的重要推动。由于城市内部
同一地段上的不同产业间存在一定效益级差，城市内部制造业企业具有向商业、
房地产等业态转型的内在激励。特别是，对于那些本身效益欠佳的企业，高地价
带来生产成本的大幅上涨，使其无法正常参与市场竞争。因此，出于对更高收益
的追求，占有城市工业用地使用权的企业纷纷转向更高收益率的服务行业：

当时我们这块地价不要太高啊！而且，前几年房地产市场又特别好，
我们本身做玩具的市场也不咋景气，效益很低，后来考虑转行了……因
为我们都是自己开厂子，所以要转行也比较简单，大家一商量就搞个旅
馆吧。现在，我们有些员工退休了，剩下的都在旅馆工作。

（访谈对象：南京某玩具厂管理人员，访谈时间：2014 年 10 月）

原南京卷烟厂位置可谓相当地优越，那可真是寸土寸金，对面就是
1912 街区，周边的建设都可以说是日新月异，卷烟厂的风格和周边越来
越格格不入。很多老百姓都说，卷烟厂那块不好好开发，实在太浪费；
在开发商看来，那更是一个巨大的商机……

（访谈对象：南京某协会工作人员，访谈时间：2015 年 4 月）

第五，城市规划引导和环境规制加强也进一步加速了污染型企业的退出和转
型。随着社会的进步，城市发展越来越要求空间布局的合理优化，城市居民对生
存环境要求也越来越高，一些污染型企业因为污染扰民，不能在市区正常运营，
不得不面临停产整顿或者搬迁退出的局面。特别是，一些污染密集型企业面临的
情况尤为严重：

当时我们这个企业在新街口，随着城市的发展，这种污染企业不适
合在闹市区发展，于是 1994 年的时候我们搬到清凉门大街，当时清凉门
那块很荒凉，完全就是乡下的感觉，没有清凉门大桥，也没有什么城西
干道，那时候谁能想到城市发展这么快？也就十几年功夫，清凉门也成
了闹市区，我们因为灰尘多，噪声大，又被列入污染企业，到 2005 年开
始就停业了……

（访谈对象：南京某玻璃厂下岗职工，访谈时间：2015 年 6 月）

第六，制度和管理因素也是城市内部制造业空间变迁的重要影响。长期的计划经济体制，使城市内部许多制造业企业占有大量划拨工业用地。尤其，在城市加速建设过程中，这些企业相对独立的空间组织，严重影响了城市整体的功能布局和设施配套。正如某政府管理人员在谈及某集团改造时所说：

> JC 集团那一片曾经是主城区最大的工业地块，老厂区的占地面积有 400 多亩。而且，受体制机制的影响，企业生产一直是封闭进行的，这么多年也没给周边居民提供配套的公共服务，反而影响到了我们的一些路网的规划。每到上下班高峰期，他们那个厂子门口道路拥堵特别严重。中山东路的交通在整个南京市应该是最拥堵的吧……后来经过多方协调，到 2009 年，南京市政府跟他们签了一个合作协议，就开始启动改造；第二年我们规划局召开了一个叫中航科技城项目的国际招标评审会；2012 年，规划细则正式出台。现在科技城差不多竣工了，但是他们厂子还有些没动的。总体上，像他们这种情况，没有领导层面的沟通，很难真正去改造，或者说让他们退出……
>
> （访谈对象：南京某规划管理人员，访谈时间：2015 年 6 月）

除此之外，国家和地方的政策调整，也会影响企业的经营及区位决策。特别是，开发区政策洼地及外资企业的溢出效应等也吸引城市内部制造业企业不断向外迁移。例如，熊猫集团为配合落实南京市政府对全市产业布局调整，将旗下位于南京市白下区的南京熊猫机电设备厂进行搬迁。另据一些企业旧址周边熟悉情况的居民介绍：

> 某制药厂搬了差不多有 10 年了。本来经营得还可以，没听说有什么问题，主要是受政策影响，国家规定军方不能从事这种业务。后来，制药厂被某投资控股集团溢价收购，人家对方开具的收购条件就是老厂区要租赁给收购方 70 年，后经协商达成一致。之后，该制药厂搬迁至江宁区境内（江宁国家高新技术产业园），现在效益应该还不错，而原来这片厂区则由收购方与所在街道联合开发……
>
> （访谈对象：南京市民，访谈时间：2014 年 10 月）

总之，城市内部制造业企业的空间变迁的根本动因，是企业家对生产成本与收益进行比较后的理性决策。如表 5.6 所示，首先，城市服务业快速发展及土地不断升值是制造业企业退出或转型的最主要影响；其次，政府的"退二进三"等相关政策和日益增强的环境规制也在很大程度上促进了城市内部制造业企业的空间变迁；再次，产品市场需求及企业的创新能力与管理者等对企业经营状况具有直接的硬性，也是其空间退出与否的重要决定因素；最后，城市规划的引导和城市外围开发区建设，也对城市内部制造业企业外迁具有一定影响。相比之下，工资成本和发展空间对企业退出的影响比较小，一方面对于城市内部而言从事相同行业的劳动力工资成本差距不会太大，另一方面受城市内部土地价格影响，老城区内制造业企业往往不具备拓展原址生产空间的需求。

表 5.6 企业空间退出或转型的影响因素得分

影响因素	权重得分*	排序	影响因素	权重得分*	排序
企业自身			区位条件		
企业创新能力	1.21	6	交通条件	0.32	10
员工综合素质	0.32	10	发展空间	0.05	13
产品市场需求	1.26	5	政策因素		
企业管理者因素	0.53	8	政策激励	2.26	3
要素成本			规划引导	1.16	7
土地成本	2.84	2	其他因素		
工资成本	0.11	12	服务业发展	2.89	1
环境规制	1.63	4	开发区建设	0.42	9

*权重得分 = ∑各样本对某一因素打分/样本个数，打分区间为 1~5。

5.4 本 章 小 结

2000 年以来，南京市制造业空间分布呈现不断郊区化过程，在老城区与中心区内企业不断向远近郊区搬迁过程中，新成立企业选址也向远近郊区集中；而且，在城市郊区形成了专业化集中分布区，总体呈现了"大分散、小集中"的分布形式；特别是主要开发园区成为制造业重新集聚的重要载体。伴随城市基础设施及开发园区的不断建设完善，南京市制造业基本呈现"点轴式"的发展格局。

计量分析结果表明，随着中国经济转型进程不断深入，全球化、市场化和地方分权三个过程显著影响了城市内部制造业的空间重构。现阶段，全球化过程带来的外资涌入，以及产业的外向发展度水平提高，均未能真正促进南京市制造业企业的空间退出，但是对其郊区集聚具有明显的促进效应；而在市场化转型过程中，非公有制经济壮大及城市土地市场制度建立，对中国城市制造业空间重构具有较好的解释力；分权化背景下开发区建设热潮，以及城市中心商务区重塑，同样极大地促进了包括制造业在内的城市空间重构。除此之外，其他交通区位因素及污染或技术密集等产业特性也会影响制造业企业的空间决策。

　　通过调研访谈进一步发现，企业自身的条件、区位条件、要素市场变化及政府的政策引导等均对城市内部制造业企业的空间退出具有一定影响。尤其，随着第三产业发展与土地市场的不断完善，城市内发展制造业的比较优势逐渐消失，而内部环境规制的增强和外围开发区建设则分别从内外双向对企业退出施加影响。需要说明的是，在城市尺度的研究上劳动力成本对企业区位行为影响相对较小，而员工素质通过影响企业经营状况的作用更加明显。与大中型企业的计量分析结果相比，城市内部中小型企业的空间迁移更多受市场因素影响，而并不像计量分析结果所呈现的公有制成分越多空间变迁越明显。

第 6 章　南京老城区存量工业用地调整的格局类型

普遍认为，城市工业空间演变的过程无非是政府或企业在对经营成本与收益进行权衡后做出的"理性"决策（张京祥等，2006）。但是，如果简单地将城市工业空间演变过程理解为地方行政领导或企业主的个人决策，城市内部就不会或较少存在低效用地的情况，然而事实并非如此。所以说，中国城市工业空间演变的驱动机理远非"经济人"的理性决策这么简单，现实中的城市工业空间演变不仅包括企业区位迁移，还要涉及企业迁移退出之后的工业用地更新改造。本章即在充分认识"城市工业功能的空间位移"特征后，着重回答"城市工业空间的功能转型"的问题。重点考察 2000 年以来，南京市老城区内部原工业用地变化的过程与格局特征，并进一步根据城市工业用地的产权与功能变更关系，对工业用地变化类型进行划分，为后续城市存量工业用地调整过程机理研究奠定基础。

6.1　数据获取与研究方法

早期关于城市用地功能结构的主流研究可以分为两类，一是以芝加哥生态学派为代表的描述性理论，它们倾向于对城市内不同用地类型的空间组织进行描述；二是需求导向的新古典经济流派，它们认为城市用地结构是一个经济优化问题，城市形态也是市场力量作用下的均衡结果（Dempwolf，2000）。无论研究者思考的切入点有何不同，他们所关注的都是在市场或者社会均衡（或称帕累托最优）条件下的静态模式。20 世纪 60 年代以来，随着城市化与工业化进程演进，土地利用效率及经济社会影响均发生改变，不同城市功能的用地要求也相应发生转变，原有的城市用地格局产生进一步帕累托改进的余地，城市存量用地的调整应运而生（王德起，2013）。尤其，在我国新型城镇化建设过程中，城镇化逐渐由量的增长转变为质的提升，作为城市空间重构与功能提升的重要内容，工业用地调整不仅为我国城市空间再生产提供契机，也是我国城市实现转型发展，应对日益激烈全球城市竞争的关键所在（陆大道和陈明星，2015；张京祥和陈浩，2012）。

如图 6.1 所示，本章选择南京明城墙包围的老城为研究区域，以《南京市城市总体规划（2000—2010）》中的城市土地利用现状图为基础数据源。首先，借助 ArcMap 10.2 等空间分析软件，通过空间配准 Georeferencing 工具提取研究区域内工业用地；其次，综合 Google Earth、百度街景等多源影像数据，并结合现场探勘与田野调查，对城市原工业用地的功能转型路径进行追踪，分析老城区内工业用地功能转型的格局特征；再次，采用同心圆扇形分析方法，刻画城市工业用地的不同功能转型类型呈现出的空间格局特征；最后，根据老工业用地的功能转型与产权重组情况，对城市工业用地调整的不同类型进行识别。具体的研究方法介绍如下。

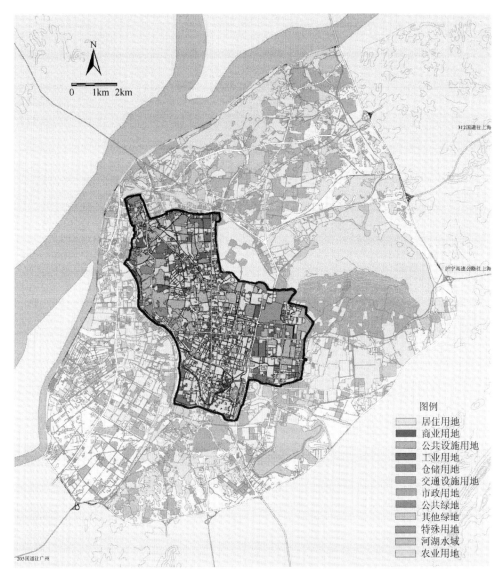

图 6.1　研究区范围及土地利用情况（2000 年）

资料来源：根据《南京市城市总体规划调整（2001）》改绘

6.1.1　象限空间分析

象限空间分析是土地利用研究中广泛采用的空间分析方法，具体可以分为扇形分析与圈层分析两种。其中，扇形分析通过计算不同扇面上工业用地功能转型状况，能较好地描述其方向分异格局；而基于缓冲区的圈层分析则主要用于描述到城市中心不同距离上工业用地的功能转型特征（Chen et al.，2016；陈江龙等，2014）。如图 6.2 所示，本章在综合扇形分析与圈层分析方法的基础上，以老城区几何中心（珠江路与太平北路交汇处华海 3C 广场）为原点，将研究区划分为正东（E）、东北（NE）、正北（N）、西北（NW）、正西（W）、西南（SW）、正南（S）、东南（SE）八个方向；然后，以同一原点为中心，按照 1km 的间隔做缓冲区，将研究区划分为 7 个等距离的圈层。通过统计不同方向与圈层中老工业用地的现状用途，测度城市工业空间功能转型特征的空间格局特征。设第 m（$1 \leqslant m < 7$）个圈层中转变为用途 i（$i = 1, 2, \cdots, n$）的老工业用地面积为 N_{mi}，该圈层内研究区面积为 S_m，则在该圈层内用途 i 的比重可表示为

$$D_{mi} = N_{mi}/S_m \qquad (6.1)$$

按照到市中心的距离，将同一方向上不同用途比重 D_{mi}（$1 \leqslant m < 7$；$i = 1, 2, \cdots, n$）绘制成连续曲线，可表示到市中心不同距离上工业用地功能转型的空间格局特征。

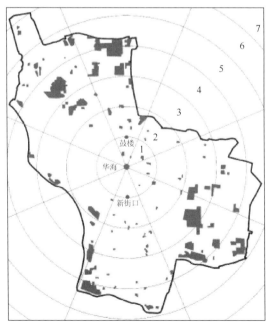

图 6.2　象限空间分析方法示意图

6.1.2　三维类型识别

　　根据城市用地变化的内涵特征，工业用地变化主要包含"功能转型"、"空间重建"和"产权变更"三方面内容。因此，借鉴管理学中四象限分析方法，确定空间、产权、功能为工业用地变化的横纵竖坐标，可以将城市内部工业空间演变划分为八种类型。如图 6.3 所示，在第 I 象限内的工业空间产权轴、功能轴和空间轴均为正，即原有工业用地同时发生了产权重组、功能转型与空间重建，属于开发类的空间演变，这一类型通常由城市政府将工业用地回收后重新出让给开发商，以获取更高经济收益为目的，被称为工业用地的"正式更新"；在第 II 象限内的工业空间空间轴为负、功能轴与产权轴为正，即原有工业用地同时发生了产权重组与功能转型，但并未进行空间重建，属于改造类空间演变，这一类型同样由城市政府主导，但多以实现公共利益的最大化或取得政治业绩为目的，并不涉及商业开发；在第 III 象限内的工业空间空间轴与产权轴均为负、功能轴为正，即仅功能发生转型，空间与产权均未发生变化，属于再生类空间演变，通常由业主企业主导，以租赁或联营等形式对工业空间进行适当改造后进行创新性再利用，以城市存量空间再造为目的，也被称为"非正式更新"或"自主更新"；在第 IV 象限内的工业空间产权轴为负、空间轴与功能轴为正，即同时发生空间重建与功能转型，但产权关系未重组，属于更新类空间演变，通常那些"势力"庞大的业

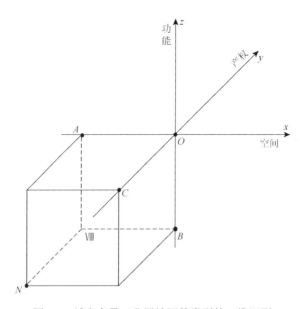

图 6.3　城市存量工业用地调整类型的三维识别

主企业（如央企或军工企业等）倾向于采取这一空间演变类型。对于第Ⅴ～Ⅷ象限内工业空间，由于未发生功能转型，因此不在本书研究范畴。

6.2　南京老城区存量工业用地调整特征分析

6.2.1　结构特征

　　2000 年，南京老城区内集中分布的工业用地面积约为 3.52 平方公里，主要分布在中央路以西的城北地区，龙蟠中路以东的明故宫一带，以及城南秦淮河沿岸的门西地区等，距离老城区的几何中心（华海 3C 广场）为 3～5 公里（图 6.2）。随着城市不断地转型与重构，老城区内工业用地逐渐被调整置换为商业、办公、住宅等非工业功能，甚至医院、博物馆、公园绿地等公共空间。截至 2015 年 11 月，南京老城区内仍有超过 60 万平方米（17.09%）的老工业用地从事工业生产经营相关活动，主要为企业总部、管理和研发部门，其他老工业用地均实现了由工业向非工业的功能转型。

　　如图 6.4 所示，住宅小区及公寓等居住功能是工业用地调整的最主要方向，面积约为 157.51 万平方米，占全部老工业用地面积的 45%；其次为酒店、餐饮等商业功能转型 43.04 万平方米，占全部老工业用地面积的 12%；文化创意、软件科技等园区载体功能转型，面积约为 31.66 万平方米，占全部老工业用地面积

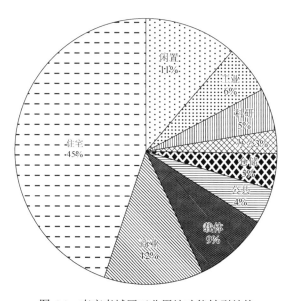

图 6.4　南京老城区工业用地功能转型结构

的 9%。其他功能重组的规模相对较少，分别为科研用地 17.93 万平方米，占全部老工业用地面积的 5%；仓储空间 15.40 万平方米，占全部老工业用地面积的 5%；公园绿地、博物馆等公共空间 15.30 万平方米，占全部老工业用地面积的 4%；办公楼宇 10.09 万平方米，占全部老工业用地面积的 3%。此外，有 20.71 万平方米的工业用地没有进行功能转型，约占全部老工业用地面积的 6%。

从不同规模工业地块的转型功能分析，地块规模最大的（top 25%）老工业用地的主要功能转型方向为住宅、载体，或维持工业相关活动（研发管理等）；而在规模最小（bottom 25%）的老工业用地中有一半转型为办公和商业等功能（表 6.1）。总体上，由于房地产开发在其上限规模内具有明显收益递增特征，转型为住宅的工业地块规模普遍较大；相反，商业办公等功能本身产出效率较高，且具有规模收益递减特征，因此商业和办公类地块规模相对较小。除此之外，由于园区载体建设需要一定的集聚空间，此类功能转型的门槛规模也相对较大；但是工业用地的规模越大，表示业主企业势力也越强大，又会在一定程度上增加功能转型的难度。

表 6.1　南京市老城区不同规模工业地块的功能转型特征

	Top25%			Top25%～50%			Bottom25%～50%			Bottom25%		
	面积/m²	%	地块数	面积/m²	%	地块数	面积/m²	%	地块数	面积/m²	%	地块数
办公	0	0	0	47 942	7.46	2	25 365	9.17	3	27 578	18.96	6
仓储	81 708	3.33	1	61 277	9.54	3	0	0	0	11 055	7.60	2
工业	551 931	22.48	5	49 204	7.66	2	21 995	7.95	2	0	0	0
公共	37 317	1.52	1	75 986	11.83	4	35 416	12.80	5	4 276	2.94	1
商业	103 594	4.22	2	92 280	14.37	5	73 230	26.47	8	41 285	28.38	9
闲置	310 931	12.66	4	58 549	9.12	3	19 077	6.90	2	11 110	7.64	3
载体	259 424	10.57	5	15 009	2.34	1	33 022	11.94	4	9 114	6.26	2
住宅	1 110 494	45.23	14	241 979	37.68	12	68 514	24.77	8	41 058	28.22	9
合计	2 455 399	100	32	642 226	100	32	276 619	100	32	145 476	100	32

从老工业用地不同转型功能的规模特征看，也可以得到类似的结论。如表 6.2 所示，2000 年前南京市老城区内工业用地的平均规模较小，约为 2.7 万平方米，而且有一半用地规模小于 1.2 万平方米。截至 2015 年 11 月，继续从事工业生产及相关管理研发活动的用地平均规模最大，而且有一半的用地规模在 6.3 万平方米以上，进一步证实了前文关于"越大规模工业空间，功能转型的难度和阻力越大"的结论。而在其他转型功能中，居住功能的地块面积的最大值与中值均较大，表明城市内部老工业用地在向居住功能转型时，多以大规模集中式开发为主。相

比之下，商业办公及公共服务类的功能转型则明显偏好于小规模的工业用地；而载体或仓储更适合大规模工业用地的功能转型。

表 6.2　南京市老城区工业用地功能转型规模特征　　　单位：m²

类型	最小	平均	中值	最大	类型	最小	平均	中值	最大
工业	12 043	75 206	63 573	210 877	载体	4 150	26 381	12 677	73 565
居住	2 093	34 001	20 586	179 511	仓储	5 040	25 673	17 163	81 708
商业	3 029	12 933	8 408	55 611	科研	21 482	60 362	61 825	97 780
办公	3 183	9 171	5 816	25 512	闲置	2 971	33 306	17 141	123 446
公共	4 276	13 909	9 139	37 317	合计	2 093	27 498	12 150	210 877

注：表中数字表示单个地块的规模特征，其中平均规模指全部地块总面积与地块数量之比。

6.2.2　空间特征

通过分析原有老工业用地的空间区位特征可知，在城市内部老工业用地功能转型过程中，不同功能在空间分布上呈现出与 Alonso（1964）的"竞租理论"相类似的规律。如图 6.5 所示，在新街口、鼓楼等距离城市几何中心（珠江路华海3C 广场）1 公里的第一圈层范围内，老工业用地的转型以办公和商业功能为主，约占这一圈层内老工业用地的 43%；其他功能类型依次为高端住宅占 27%，创意园区载体占 6%，另有部分老工业用地处于拆迁改造阶段。在 1～2 公里的第二圈层内，老工业用地的商业和办公转型更为集中，占比超过 50%；仓储功能也较为集中，占全部老工业用地的 32%；住宅、载体、公共空间相对较少，分别占 8%、6% 和 2%。在第三圈层范围内，商业和办公类用地比重下降至 25%，而住宅用地

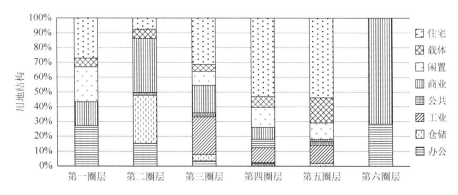

图 6.5　南京老城区不同圈层老工业用地功能转型特征

占比也增至 32%，金城、熊猫等大企业管理与研发部门占比也接近 30%，其他载体、仓储等各类用地规模较小，占比在 5%左右。第四和第五圈层由于远离城市中心，普通住宅规模明显增加，占比在 50%以上；载体类空间也由 7%增至 17%，而商业办公类则明显减少，工业用地占比也仅有 10%，其他为公共和闲置空间。在第六圈层老工业用地规模较少，其功能重组也仅有商业和办公两类。

　　进一步从不同功能转型的具体空间分布看（图 6.6），住宅用地主要位于离市中心较远的第四和第五圈层，且以城北玄武湖畔和中山北路沿线，以及城南沿护城河一带较为集中（如天正湖滨、凤凰和鸣等住宅小区，原属南汽集团）；而商业和办公用地则多分布在距离市中心较近，交通便利的主要城市干线路网两侧（如位于长江路与洪武北路交界处的长江会和中央路与同仁西街交界处的 7 天连锁酒店，原分别属科塔电位器总厂和南京建筑机械厂）。此外，由于越靠近市中心的工业用地改造成本也越高，因此在用地规模不足以开展大规模开发，且业主企业不具备自主更新能力的情况下，部分老工业空间被原业主企业以租赁形式做仓储空间（珠江路沿线的部分仓库均属这一类型）。其他如创意园区等载体类空间则主要分布在远离城市中心的老城边缘，尤其是明城墙及秦淮河沿岸等历史遗存较好的地段（如熊猫新兴软件园、南京领军人才创业园等，原属莫愁洗衣机厂和第二机床厂）。

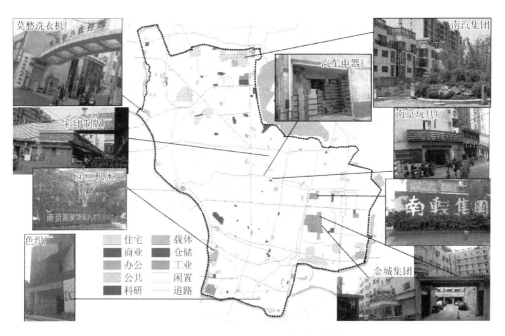

图 6.6　南京市老城区工业用地功能转型的空间分布

6.2.3　产权与行业特征

在企业的产权结构方面，通过历史资料检索、现场调查街访、部门咨询座谈等方式，在老城区范围内的 128 个老工业地块中选择 38 个进行深入调研，发现省市国有企业是用地功能转型的主体，而央企的功能转型主要为企业内部管理、研发等功能置换或园区转型等，非公有制经济则更倾向于商业开发或厂房租赁等高收益或低成本的转型模式（表 6.3）。

表 6.3　南京市老城区工业用地功能转型的行业及产权结构　　单位：块

功能	省市国有企业	央企	民营企业	电气器材	纺织服装	机械装备	其他
商办	4	4	3	4	2	3	3
住宅	6	2	2	4	1	2	1
载体	2	4	1	4	0	2	2
工业	2	5	0	1	1	5	0
公共	1	2	0	0	3	0	0
合计	15	17	6	13	7	12	6

注：表中数字为各类老工业企业的工业地块数量。

从企业的行业类型看，电气器材类企业用地规模普遍较大，多被改造为住宅和商业等功能，也有部分历史悠久企业被开发为园区载体或工业遗产；纺织服装类企业由于本身规模不大，且保留再利用价值不高，因此其功能转型更倾向于仓储、商业门店，或者被直接拆除改造为公共空间；机械装备类企业凭借自身的所有制及规模优势，多以本企业的研发或管理类功能置换为主；具有一定规模的文体制品类企业会依托原有企业基础转型为创意园区载体，而其他包括食品加工等小企业则被拆除重建为住宅或商务楼宇。

6.3　南京老城区存量工业用地调整类型识别

基于前述三维识别方法，并结合实现场探勘与调查结果，对南京市明城墙以内的工业用地调整类型进行识别，结果如表 6.4 所示。其中，空间、产权与功能同时发生变化的"开发类调整"是南京市老城区内存量工业用地调整的主要类型（占比为 45.2%），其主要实现路径通常表现为政府提供一定补偿（资金补偿、政策优惠、土地置换等）后，将工业用地使用权从原业主企业手中收回，然后通过市场化的出让方式将土地使用权再次转让给新的开发商，由新开发商进行非工业用途开发，从而完成对工业用地产权与功能的彻底重构，是老城区存量工业用地调整的最主要类型。可能的原因是，城市政府在此类用地调整过程中的短期经济收益较高，因此在目前以经济发展论英雄的政绩考核背景下，此类用地调整更容易受到地方政府的"追捧"。但是，工业用地的这一调整类型往往需要较大资本投入，因此必须要有较高的规模收益或较大升值空间作为保障，适用对象也多为企业用地面积较大或距离城市核心区较近的企业。例如，天正集团南京置业有限公司将位于中央路401号的原南汽总装厂地块改造为天正湖滨花园高端住宅小区（图6.7）。

表 6.4　南京老城区工业用地调整的主要类型

类型	空间	产权	功能	面积/m²	比重/%	一般路径	优点	缺点
I	重建	变更	开发	1 592 518	45.2	城市政府提供一定补偿后，收回业主的土地使用权从，然后通过"招拍挂"等市场化方式将土地使用权重新出让给新开发商，由新开发商进行非工业用途开发，实现对企业用地的产权重组与空间重构	短期经济收益高	初期投资大，升值空间要求高
II	保留	变更	改造	381 811	10.9	城市政府通过行政手段将工业用地使用权从原业主企业手中收回后，自行或委托第三方改造为公共服务用途，实现对企业用地产权与功能的重组	长期社会收益高	空间价值要求高
III	重建	不变	更新	381 233	10.9	在城市政府协调下，不同市场主体之间通过协商达成合作协议，共同实现对企业用地的调整与改造	调整成本低，社会效益好	用地规模和区位条件要求高，产权纠纷风险大
IV	保留	不变	再生	476 641	13.5	城市政府与业主企业合作，通过重新出让或补交土地出让金方式完成工业用地性质转变，从而实现对企业用地功能与空间的重新建构	政府投资少、总体收益高	业主谈判难度大
其他	—	—	保留	687 516	19.5	企业用地的产权、空间与功能均未发生变化		

图 6.7　天正湖滨花园小区（开发类调整）

　　2005 年 1 月，天正集团斥资 5.2 亿元，拍得有"南京地王"之称的南汽北地块，正式拉开了天正湖滨花园改造项目的序幕。该项目位于鼓楼区中央路与黑龙江路交汇处（原南汽总装厂），在湖南路和中央门两大成熟商圈的核心辐射范围内，是鼓楼区北部高尚居住区的核心地段，毗邻南京标志性景观玄武湖、明城墙和神策门公园风景区，自然景观优势明显。项目占地面积 8.8 万平方米，规划建筑面积约 16 万平方米，是南京市主城内集居住、商业、办公为一体的罕有高档建筑群。该项目住宅类容积率为 1.88，商业办公的容积率为 4.5。附近有七所大学和六个研究所，同时还引进部分名校的分校，赋予项目浓郁的人文气息。交通、服务、建筑设计等方面也均有较大投资。2007 年 7 月底开盘以来，一年内即完成了 336 套商品房中 331 套的销售成绩，均价 12000 元，成功奠定了"湖滨花园"高档社区的地位。

　　（资料来源：天正集团南汽地块项目市场专项调研报告）

　　相比之下，"改造类调整"占比较低（10.9%），主要表现为政府通过行政手段将工业用地使用权从原业主企业手中收回后，自行或委托第三方开发为公共服务用途，以满足服务公众的要求。一是由于这一调整类型的预期经济效益不高，而主要以政府提供公共服务为目的，导致其在实施过程中的成本与收益平衡难度较大；二是由于这一调整类型更适用于人口密度较大的住宅集中地段，或者具有一定纪念、教育价值的历史街区，而在人口密集地区或历史街区内的企业用地总量有限。例如，南京市将位于老门东地区的原南京色织厂地块回收后，交由南京市文广新局进行修缮改造，成为门东箍桶巷示范段标志建筑——南京书画院、金陵美术馆和老城南记忆馆，既有厚重的历史感，又注入了新鲜的时尚元素（图 6.8）。

图 6.8　南京老城南记忆馆（改造类调整）

　　从箍桶巷牌坊往里走，在街区西侧，一排建筑既时尚又不失古朴，其南半部分现代化气息十足的外立面已经初具雏形。作为门东的标志性建筑，2013 年开馆的"一院两馆"（其中，金陵美术馆将占地 1000 平方米，老城南记忆馆 3800 平方米，南京书画院 5700 平方米）的前身是具有 30 余年历史的原南京色织厂厂房，尽管建于新中国成立以后，但锯齿形的外貌很有特色，秉着应保尽保的态度，也没舍得拆掉。通过"体检"，专家发现，老厂房漏雨，有的梁是空心的，而且没有抗震功能。因此，在几乎原封不动保留下厂房基础上，改造只是对内部进行了抗震加固；然后，按照展馆的要求，像"拔牙"一样，去掉老厂房内原有的一排柱子；同时，布设了消防喷淋等系统；进一步，借助著名建筑师、西安建筑科技大学建筑学院院长刘克成的创意设计，加上后期的精心改造，最终装修成了一座古朴与现代完美融合的博览馆。

　　（资料来源：南京日报、现代快报等）

　　在工业用地产权保持不变的情况下，部分业主企业会通过与政府协商后，通过二次出让实现土地利用性质转变，以对老工业用地进行功能升级，即"更新类调整"。这一用地调整类型往往要求业主企业具有较高的资金实力与谈判能力，因此所占比重也不高（10.9%）。通常那些拥有较高权力地位和较大资本优势的大型国有企业，倾向于采取这一调整类型且不占据城市核心区位。例如，中山东路 518 号金城集团通过对老厂区实施二次开发，打造中航科技城项目，从而实现对企业用地功能与空间的重新建构（图 6.9）。

图 6.9　中航科技城项目（更新类调整）

中航科技城地块原属金城集团有限公司（简称金城集团）厂房，现在由南京中航工业科技城发展有限公司（简称南京中航）开发。实际上，这两家公司背后都是中国航空工业集团公司（简称中航工业），中航工业是由中央管理的国有特大型企业。2009 年 2 月，中航工业和南京市人民政府在长期良好合作的基础上签署《中国航空工业科技城（南京）项目投资协议》。根据协议，南京市政府支持中航工业在南京市中山东路 518 号金城集团厂区（明故宫机场旧址）建设南京中航科技城。项目占地面积约 40 万平方米，规划建筑面积逾 120 万平方米，总投资预计约 200 亿元。

（资料来源：中国通用航空网、中国房地产报等）

除此之外，还有部分业主企业会选择借助第三方力量，在不改变土地权属与利用性质的前提下，以租赁或联合经营形式进行创新性再利用，也被称为工业用地的"非正式更新"或称"再生类调整"。这一重构类型对存量工业空间要求较"改造类调整"低，而且通常还会受到城市政府的鼓励和支持，因此其所占比例略高（13.5%）。但由于承租主体并不改变工业用地上的主体建筑结构，而是通过创意化改造或创新性利用进行空间功能更新，因此此类空间需要具有一定规模，区位上也不能太靠近城市核心区。例如，位于莫愁路的南京工艺装备制造有限公司厂区和定淮门大街的莫愁洗衣机厂，分别被改造成为南京广电文化创意产业园和熊猫新兴软件园（图 6.10）。

图 6.10　南京广电越界·梦幻城（再生类调整）

2015 年 11 月 6 日，位于莫愁路的原南京工艺装备制造有限公司厂区展露崭新容颜，成为江苏省第一个智慧型文创园区和时尚娱乐目的地，也是南京文化科技创意产业的新地标。这个有着半个多世纪历史的工业遗存将被赋予新的生机，这座老厂始建于1952年，至今已有62年历史。它位于朝天宫西侧，毗邻新街口核心商圈，总占地面积约70亩，建筑面积约6万平方米。目前工厂已整体搬迁到江宁。早在2014年3月，南京广电集团与工艺厂、上海锦和集团、中国电信游戏运营中心达成合作协议，投资1.5亿元，打造"南京广电越界·梦幻城"。据悉，南京广电文化创意产业园主要有创意办公、文艺演艺和综合服务三大业态。"创意办公"是指移动互联网及新媒体产业集群，创意设计文化创作工作室；"综合服务"包含了各具特色的创意工坊和文艺、书画等特色文艺沙龙；而"文化演艺"则主要包括演播中心、小剧场聚落以及动漫游戏体验三部分。

（资料来源：新华网、东方网等）

6.4　本 章 小 结

2000年以前，南京市老城区工业用地在距离市中心3~5公里范围内呈现明显的集中分布态势，在3公里以内分布相对分散。但是随着城市不断地转型与重构，制造业企业不断向远近郊区搬迁，老城区内存量工业用地调整步伐加速。尤其，住宅用地凭借其短期收益高、资金回笼快等特点，成为老城区存量工业用地调整的最主要方向，其次为商业和园区载体等类型。进一步，通过对老城区内存量工业用地调整特征的具体分析发现，调整为住宅和载体的企业用地规模较大，商业、办公等类型规模则相对较小；在空间上，存量工业用地调整的功能呈现类似于竞租曲线的梯度特征；央企的用地退出难度较大且以企业自身管理、研发等功能升级或向新型园区转型为主，而非公有制企业则更倾向于商业或仓储等高收益或低成本的调整类型。

从地块规模上，向住宅、载体等功能转变的工业地块规模普遍较大，而转向办公、商业等功能的工业用地规模相对较小；从空间分布上，由城市中心向外呈现类似于竞租曲线的梯度特征，商业、办公类转型比重逐渐减少，而仓储、住宅类转型比重增加，维持工业功能的主要位于第三圈层，受转型成本约束在城市核心区还存在一定规模闲置空间；从产权结构上，国有企业是功能重组的主体，其中央企的功能重组主要为企业内部管理、研发等功能置换或园区转型，非公有制经济则更倾向高收益或低成本式转型；从行业类型上，机械类企业中规模较大且不具备保留价值的空间以拆除重建式改造为主，其他具有工业遗产价值的空间则被改造为载体或博物馆等，纺织印染类企业倾向于仓储或公共空间，汽车及装备制造类企业多以本企业的研发或管理类功能置换为主，而具有一定规模的文体制品类企业会依托原有企业基础转型为创意园区载体。

进一步，根据城市工业用地产权重组与功能转型的关系，并结合现场探勘与调研，将南京老城区存量工业用地调整划分为四种不同类型，即"开发类调整"、"改造类调整"、"更新类调整"和"再生类调整"。其中，"改造类调整"主要以政府提供公共服务为目的，适用于人口密度较大的住宅集中地段，或者具有一定纪念、教育价值的历史街区；"开发类调整"往往需要较大资本投入，适用对象多为面积较大或距离市核心区较近的地块；"更新类调整"要求业主企业具有较高的资金实力与谈判能力，通常受大型国有企业（央企）所青睐；而"再生类调整"则比较受地方政府推崇，但其空间需要具有一定规模，区位上也不能太靠近城市核心区。

总之，由于城市空间本身所特有的规模、区位特征以及产权关系属性不同，因此在城市工业空间的转型与重构过程中，各权利主体或利益相关者为实现自身利益最大化，不断进行谈判与博弈，而存量工业用地调整过程中的不同类型就是由各主体间博弈组合关系决定的。特别是，对于具体的城市工业用地而言，其所涉及的利益相关者各异，因此在不同工业用地调整过程中，参与谈判的不同利益主体所掌握的资本与权力组合也不尽相同，最终博弈必然呈现出不同的纳什均衡解，从而使城市存量工业用地调整呈现不同模式或类型。

第7章 政企博弈：南京电炉厂的用地调整

南京电炉厂原为市属国有企业，以生产工业用电炉为主营业务，曾为南京乃至中华人民共和国的工业化发展做出重要贡献。但在后续发展中随着市场化进程演进，南京电炉厂逐渐在激烈的市场竞争中失去原有优势，土地与厂房闲置严重，生产活动也越来越不能满足内城对环境质量的要求。因此，为缓解内城环境压力、盘活存量土地，同时减轻企业运营负担，市及区政府经过多次沟通与协调，引导南京电炉厂外迁，并对老厂区存量工业用地进行改造。在此过程中，原南京电炉厂内工业用地的空间与产权均发生变化，属于企业用地的"开发类调整"。以此为典型案例，通过梳理原厂区占用工业用地的推倒重建过程中不同利益主体间"成本-收益"关系，运用"讨价还价"的博弈分析方法，探索新型"政企关系"下城市存量工业用地调整的动力机制。

7.1 南京电炉厂的兴衰成败

中华人民共和国成立前夕，南京的电工器材生产相对落后，仅有个别厂家生产电工器材的零小产品，尤其工业电炉的生产仅在东北老工业基地的哈尔滨松江电炉厂进行。1958 年 5 月，由七名职工率先在主城白下区中心的光华东街创建光明电器厂（以下称光明厂），光明厂成立之初的主要产品为电熨斗和民用电炉，厂区位于光华东街 8 号，东临南京汽车仪表厂、无线电元件四厂、金陵机械制造总厂（现被联合改造为世界之窗创意产业园，简称创意东八区），占地面积仅有 2.3 万平方米（图 7.1）。1962 年，光明厂试制成功第一台实验电炉 SRTK-2-13 管式电炉，之后又有 10 个系列 42 个品种相继试制成功，并于次年形成批量生产，主要供应工厂、研究实验室用于少量及小件零件的热处理。到 1963 年底，随着 RTX-13-9 箱式电炉的交付使用，光明厂所生产的产品已经广泛应用于冶金、机械、纺织、电子、轻工、重工等行业的机械产品零部件热处理，技术也达到全国领先水平。1965 年，南京市成立电机电器工业公司，统一规划管理包括光明厂在内的 15 家电机电器企业的生产，并将主要产品逐步纳入国家计划。1968 年，经上级主管部门批准光明厂正式更名为南京电炉厂，并开始生产以工业炉为主的产品。

图 7.1　原南京电炉厂区位及其现状用途（金基·月亮湾小区）

经过近 30 年的发展，南京电炉厂的主要产品扩展到箱式炉、回火炉、渗碳炉、台车炉、粉末冶金烧结炉、网带炉生产线、多用炉生产线、铸链板炉生产线等近 100 个品种。到 1985 年，电炉厂的年产量已经超过 1000 台，其中工业电炉 200 台。同年，为进一步扩大生产，南京电炉厂与江宁县电器仪器厂联合成立南京电炉厂一分厂。到 20 世纪 90 年代初，南京电炉厂又与德国易卜森（EPSEN）公司合作生产多用炉生产线近 20 条，被全国 14 家重点企业采用。其中，多用炉和渗碳炉还于 1991 年销往泰国，成为当时全国为数不多的电炉出口企业之一。特别是，网带炉生产线、铸链炉生产线和多用炉作为电炉厂的特色产品，甚至达到 20 世纪 80 年代末期的国际先进水平，在用户中享有较高的信誉，成为该厂的拳头产品。到 1992 年，南京电炉厂的总占地面积达到 2.11 万平方米，年总产值和销售收入双双突破 1000 万元大关，全厂职工 396 人，产品销往越南、罗马尼亚、泰国等国家和中国香港地区（南京市地方志编纂委员会，1998）。

到 20 世纪末，南京的工业电炉行业已基本形成了产品系列化、品种多样化的格局，微机控制的多用炉、氮化炉等新产品也已达到国际领先水平。与此同时，随着江苏电炉行业的蓬勃发展，省内从事电炉及工业炉生产的企业也如雨后春笋般出现。而南京电炉厂由于技术力量缺乏，导致开发和生产不能兼顾，产品虽仍有销路，劳动生产率也较高，但是产品性能不够先进，逐渐在竞争激烈的电炉市场中失去了当年的"雄风"。之后到 1997 年，南京市政府出台《南京市政府关于城区重点污染企业 2000 年前限期搬迁治理的通知》（宁政发〔1997〕282 号），要求对南京卷烟厂等 23 家重点污染企业于 2000 年前进行限期搬迁治理，以减少主城内部环境污染，同时盘活城市存量土地，减轻企业负担，南京电炉厂也被列入了限期搬迁企业名单。1998 年，南京电炉厂与南京金基房地产开发经营公司（现南京金基房地产开发（集团）有限公司，以下称金基集团）签订《国有土地使用权转让协议书》，决定将白下区光华东街 8 号厂区内，除去职工宿舍占地外的全部约 1.65 万平方米（丘号#277143-1）国有土地使用权转让给金基集团进行房地产开发。到 1999 年，厂区占地面积萎缩至 1.23 万平方米，职工减少到 298 人，固定资产 508 万元，销售收入也仅有 659 万元。

进入 21 世纪，特别是随着我国加入世界贸易组织（WTO），国外工业电炉设备企业陆续进军中国市场，并在中国设厂生产，市场竞争将更趋剧烈（熊德章，2002）。到 2005 年，南京电炉厂为更好地适应市场竞争，建立市场化机制体制，由原来的市属国有改制为公私合营，并正式更名为南京电炉厂有限公司；但是，改制后的公司体制依然僵硬，技术水平相对落后，生产亏损局面并未得到改善。2007 年，南京电炉厂整厂搬迁至江宁区禄口空港工业园生产，并委托安徽省宣城市龙邵拆迁有限公司南京分公司对光华东街 8 号厂区内的部分房屋实施拆除（祁守斌，2012）。同年 11 月，金基集团也开始筹划对光华东街 8 号电炉厂老厂区 1.65 万平方米地块进行改造，主要改造方向为住宅和商业，项目名称为金基·月亮湾（以下称月亮湾），规划总建筑面积 39 545.02 平方米（图 7.1）。月亮湾项目于 2008 年 3 月 1 日正式开工建设，2009 年 11 月开盘销售，2010 年 12 月底全部销售完毕，2011 年 1 月 18 日交付使用。至此，南京电炉厂内的存量工业用地调整也宣告结束。而位于江宁区空港工业园纬七路 28 号的南京电炉厂有限公司由于经营不善，也于 2013 年 12 月 28 日办公会决定，将全部厂房（约 4896 平方米）、办公用房（约 600 平方米）及其附属专用设备（行车 3 台）等进行公开出租挂牌，并于次年得到其上级主管单位的同意批复。在此过程中，南京电炉厂也经历了一个由初创、兴盛到转机，最后再到衰败停产的完整"生命周期"（图 7.2）。

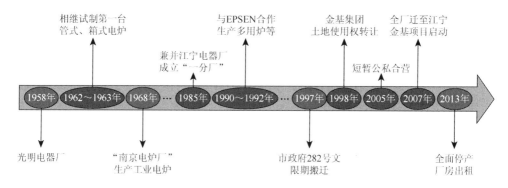

图 7.2　南京电炉厂的"生命周期"

7.2　不同参与主体的利益诉求与行为逻辑

按照新制度经济学的理论，在存量工业用地调整过程中，逐渐形成了政府、经济（南京电炉厂、金基集团）和社会（原厂职工及周边居民）三大主体（熊向宁等，2010）。但是，在南京电炉厂的推倒重建过程中，只有城市政府和南京电炉厂属于直接的参与主体，而金基集团作为城市政府的施工单位，承担政府"代理人"的角色，与其他如原厂职工、周边居民等社会公众一起构成企业退出与改造的间接利益主体（洪惠坤等，2015）。一方面，地方城市政府作为中央政府的代理人，拥有工业用地的所有权，是工业用地退出的直接管理者；另一方面，南京电炉厂作为工业用地业主企业，实际掌握和占有工业用地的使用权，是工业用地退出的直接执行者（邓珊，2015）。其他间接参与主体则主要通过游说、监督、上访等非正规途径影响城市政府与业主企业的行为决策。具体而言，在南京电炉厂推倒重建过程中，利益相关各方的成本与收益如表 7.1 所示。

表 7.1 南京电炉厂推倒重建中各利益主体"成本–收益"辨析

	城市政府	南京电炉厂	金基集团	社会公众
收益	土地出让收益、产业升级机遇、促进经济发展、税收	改善生产环境、经济补偿获益	投资开发盈利、城市土地使用权	改善居住环境和城市品质、拆迁补偿
成本/风险	对土地收储市场的冲击、税收减免、改造引起社会冲突的风险	放弃土地使用权、职工安置、生产网络改变、固定资产损耗	补交土地出让金、开发的不确定性、拆迁成本	失业、空间"贵族化"带来包容性下降、开发对基础设施容量的挑战

资料来源：作者根据相关文献总结归纳。

首先，在城市政府与业主企业之间，既有共同的利益又存在诉求的分歧。前者主要体现为政企双方均有追求存量工业用地上的"租金剩余"的经济激励，这为企业用地调整提供了可能性；而后者则表现为政企双方在改造成本（风险）负担和土地增值收益分配中的矛盾，这就构成了二者冲突博弈的焦点。城市政府的行为目标函数是由政治、经济、社会、环境等目标叠加而成的，既要代表辖区内的经济利益，对城市经济社会发展负责，又要关注城市环境问题，确保为社会公众提供一个良好的生态环境，还要考虑社会公众的就业与福利安排，确保每位公民享有同等的就业与生活保障。企业作为一个独立的经济实体，其行为决策是以"自身利益最大化"为目标导向，这就导致城市政府的政治利益与业主企业的经济利益存在明显差异，从而形成双方博弈的利益格局。但是，在南京电炉厂的推倒重建案例中，由于南京电炉厂在所有制形式上属于市属国有企业，与市政府及其下属部门之间存在直接的行政隶属关系，因此其不可能作为完全独立的经济主体参与博弈，在某些情况下企业的行为决策还要受控于所代表利益集团的权力关系，即南京电炉厂在这一博弈过程中是相对于城市政府的"弱势一方"。

其次，在工业用地调整的不同阶段，城市政府与业主企业的主要利益诉求也存在差异。对于业主企业南京电炉厂，经济利益贯穿始终，直到南京市政府以行政命令的方式督促其搬迁，作为国有企业的南京电炉厂所代表的政治利益才得到体现，即为"迎合"行政长官而进行企业搬迁；而对于城市政府，在初期其政治和社会受益占据主导地位，其主要出于改善城市环境、减少污染的目的来推动污染企业退出，但当面临业主企业有形或无形的抵抗时，减少政府在企业搬迁过程中的经济成本迅速成为双方博弈的焦点。在这一过程中，新开发商和社会公众还会通过游说、监督等非正规途径对城市政府与业主企业的行为决策施加影响，以实现各自成本与收益的"纳什均衡"。

7.3　基于"成本-收益"的博弈关系变迁

如前所述，南京电炉厂的推倒重建是由城市政府与业主企业基于各自成本与收益的博弈过程。1997年，南京市政府出台《南京市政府关于城区重点污染企业2000年前限期搬迁治理的通知》（宁政发〔1997〕282号），要求对南京电炉厂进行限期搬迁治理；到2003年，市政府又以每平方米120元的低价将位于江宁区空港工业园纬七路28号约20 470平方米的土地协议出让给南京电炉厂。之后，直到2007年南京电炉厂才正式迁往江宁空港工业园，并由金基集团开始对位于光华东街的老厂区进行改造。南京电炉厂耗时10年的搬迁改造，是政企双方"于我有利则为之，于我无利则不为"行为逻辑的一种折射。作为参与经济活动的重要主体，无论城市政府还是业主企业都希望自己能得到"馅饼"中最大的一块，从而形成了政企双方"讨价还价"的博弈过程。

在企业退出之前，城市政府与南京电炉厂在企业退出预期收益分配方面的矛盾，是导致工业用地难以退出的最主要原因。在市政府282号文出台以后，南京卷烟厂、南汽集团、720厂等都迅速实施搬迁与老厂区的工业用地改造，而南京电炉厂却迟迟未见动静，正是因为南京电炉厂及其职工对收益分配及补偿方案存在较大争议，认为城市政府及后来的开发商是南京电炉厂搬迁及其用地调整的最大受益者，因而一再延缓企业搬迁步伐。虽然，南京电炉厂有关负责人一再表示，工厂推迟搬迁是受到企业员工安置及新厂区建设等客观因素影响。但是，据南京电炉厂的上级主管单位南京机电集团相关负责人介绍，金基集团（电炉厂土地使用权承接方）在双方签订《国有土地使用权转让协议》后的第一时间，即将3800万元的协议转让金交付南京电炉厂；同时，南京机电集团作为上级主管单位还与南京电炉厂达成协议，为厂内原有职工建设安置用住房80套，将人均住房面积提高至25平方米及以上，提高率达250%，其余职工则采取货币方式进行补偿，得到职工与原住户的普遍好评（祁守斌，2012）。除此之外，南京市国土资源局江宁分局的土地出让登记台账资料还显示，早在2003年南京电炉厂就已经以低于市场价平均水平的价格获得了江宁空港工业园内超过2万平方米的工矿用地使用权。但是，从获得江宁新厂土地使用权，到正式搬迁入驻新厂区，电炉厂仍然耗时4年，如果从签订土地使用权转让协议算起，总耗时更是长达 10 年之久，可见工厂延缓搬迁并不是因为没有好的去处，而是政企之间在用地调整利益分配的不均衡所致。

在房地产市场迅猛发展的背景下，金基集团在取得南京电炉厂地块的土地使用权，经改造重新开发后预期可实现收益近 2 亿元，而支付给南京电炉厂的土地协议转让成本仅约 3800 万元，新旧开发主体间的直接经济收益分配严重失衡。而且，南京电炉厂在放弃原有划拨工业用地使用权后，还需要重新取得新的土地使用权，并承担由企业搬迁带来的职工安置、生产关系变更、固定资产损耗和新厂房建设等（机会）成本；再加之南京电炉厂本身产品市场萎缩，生产经营状况欠佳，自主平衡搬迁过程中的成本支出难度较大。正如原南京电炉厂上级主管部门南京机电集团副总经理王正源所说，"国有企业都曾在国家经济发展中做出重要贡献，但是由于产业结构调整，大量的国企职工（离退休干部）要承担，这部分费用是难以想象的，在民营、混合制企业不存在这部分压力；反过来，政府在对工业用地的增值进行分配的时候，并没有照此考虑，企业获得的只是土地划拨的价格，也就是成本价，根本不足以支付退出产生的各项费用"。

就城市政府的收益来看，南京电炉厂地块的改造与重新开发对城市的经济发展、环境改善、社会稳定等都有十分重要的意义。首先，在经济发展方面，南京电炉厂老厂区位于主城白下区中心的光华东街老城片区，虽周边环境相对老旧，但区位条件极佳，交通资源便捷，东向 200 余米为明城墙及月牙湖公园，具有较高二次开发价值。例如，在筹建月亮湾项目前，金基集团预计的土地及拆迁成本仅 6921 万元，虽然项目实施过程中实际成本略高出 400 万元（含土地调整款），但该项目最后仍实现约 2.77 亿元的总利润，超出预计 6662 万元，而城市政府则获得了 7307 万元的土地增值税收和产业转型的机会。其次，在社会稳定方面，项目筹建前电炉厂已严重收支不平衡，厂内职工居住条件普遍较差，通过改造既能减轻产业集团负担也可以改善职工居住环境。同时，项目建设及建成运营还将为原厂职工及周边居民提供大量就业岗位，以缓解企业搬迁引起的失业问题。此外，南京电炉厂周边多为老旧房屋，原住户对该地区均有一定的感情，部分居民有改善住房的愿望，但又不愿搬离该区域。金基集团的介入不仅能够解决原厂职工的居住环境问题，还能通过对小区景观环境的改善，给周边居民提供改善居住环境的机会。最后，在环境改善方面，南京电炉厂本身作为城市重要的污染源，其退出对于改善城市形象和提高整体环境品质具有重要意义。

正是由于在工业用地的退出改造前，业主企业的预期收益远小于城市政府和开发商。因此，利益补偿就成为打破原有"不均衡"利益分配格局的主要动力，而政府行政力量干预也在一定程度上加速了原始利益分配格局的变迁。例如，在南京电炉厂改造案例中，在南京电炉厂与金基集团签订土地使用权转让协议后，南京电炉厂仍以员工安置与土地征用等为由延迟搬迁，直到 2003 年南京市政府介入将江宁区空港工业园内约 2 万平方米的工业用地以 120 元的底价出让给南京电炉厂，出让期限为 50 年。以协议方式获得新的土地使用权，对于南京电炉厂的发展而言是绝佳的发展机遇。一方面，减少了土地成本的投入，以 250 万元的低成本获得了比原厂区更大的发展空间；另一方面，新厂区位置江宁区空港工业园，劳动力成本及物流、水、电价格等综合成本较市区低，为企业发展提供更为优越的条件。诸如此类的正面效益，共同构成了南京电炉厂搬迁改造的利益补偿机制。此外，2005 年 6 月 24 日，南京市委常委会还通过了《进一步加快主城区工业布局调整工作的意见》，要求对主城区内工业企业进行梳理分类，对于污染少、易治理企业就地改造；有污染但有市场且正常生产的企业搬迁改造，若 2007 年底前未搬迁的都要限期关闭；既污染严重又不能正常生产的企业 2007 年底前全部关闭、破产或销号。虽然，南京电炉厂作为独立的法人机构参与经济活动，但由于其与南京市政府的下属部门（南京市机电产业（集团）有限公司）之间存在一定的行政隶属与监管关系，因此在博弈过程并不能构成完全对等的谈判双方，城市政府因为掌握着工业用地的所有权而成为博弈的强势一方（杨笛韵，2015）。因此，在对搬迁退出的成本与收益进行权衡比较后，南京电炉厂做出配合改造的行为决策；对城市政府而言，要额外支付的成本是低价协议出让工业用地的让利，这与其预期的经济、政治、社会与环境收益相比微乎其微。在利益补偿机制和外部行政力量干预的综合作用下，南京电炉厂终于 2007 年实施搬迁退出，金基集团也正式启动对原厂区的改造计划，企业用地调整宣告完成。

　　如图 7.3 所示，城市政府与业主企业从"对抗"走向"合作"的动态博弈，就是对弈双方根据各自成本收益的"讨价还价"过程。假设对弈双方均分别选择"改造"和"配合"策略，则城市政府可以获得经济、政治、社会与环境收益共计 300 单位，而业主企业只能获得 100 单位的经济利益，此时双方均摊成本各 50 单位，城市政府和业主企业双方收益分别为 250 单位和 50 单位。由于业主企业获得的相对收益较小，因此在首轮谈判会做出"不配合"决策，以争取更大利益。此时，城市政府需要独自承担的改造成本增加至 120 单位（政企双方配合可以减少改造成本，因此政府独自承担的成本大于双方合作情况下的总成本），政企双方收益分别为 180 单位和 100 单位。为减少总的改造成本，城市政府会继续进行第二轮谈判，即通过"利益补偿"和"行政干预"等手段，提高业主企业的预期收益或增加其不配合的成本。当业主企业选择"接受"策略时，所能获得的额外收益为政府提供的利益补偿（低价协议出让土地节约的成本等），双方收益分别为 220 单位和80 单位；当业主企业选择"不接受"策略时，城市政府通过"行政干预"手段，业主企业还要额外承担 50 单位的政治风险，此时双方收益变为 220 单位和 30 单位。综合比较三轮谈判过程中的成本与收益，业主企业最终选择"妥协"并接受政府利益补偿的决策，这一过程即为政府干预市属国有企业土地利用调整的典型。

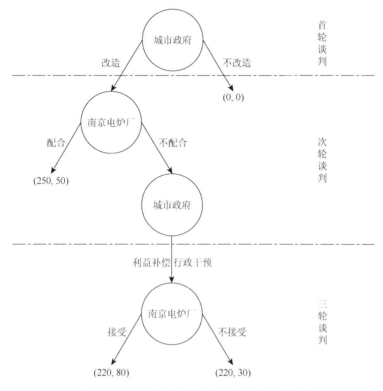

图 7.3　南京电炉厂用地调整过程中的动态博弈

7.4　本 章 小 结

本章以南京电炉厂（现金基·月亮湾小区）的推倒重建为例，分析了政府干预地方国有企业退出与用地调整过程中各利益主体之间的"讨价还价"博弈关系，主要结论如下。

在城市内部企业退出过程中，城市政府与业主企业均有追求"租金剩余"的经济激励，这为存量工业用地调整提供了可能；而政企双方在用地调整成本（风险）分摊和增值收益分配等方面的矛盾，则构成了政企双方冲突与博弈的焦点。理论上，政企双方可以通过不断"讨价还价"达成博弈的"纳什均衡"，完成对存量工业用地的调整。但是，存量用地调整的综合效益会随着谈判的持续而不断降低，因此在实际用地调整过程中，地方城市政府往往会凭借其在行政监管方面的优势，采取"胡萝卜加大棒"的激励和干预机制，即同时对业主企业进行"利益补偿"和施加"行政干预"，通过改变企业在博弈中的核心利益，影响其行为决策。

虽然，城市政府的这一策略选择在某种程度上促进了地方国有工业企业的存量用地调整，但是业主企业的利益并没有得到充分保障，尤其是与城市政府及其

"代理人"之间的收益差距，可能会成为后续一系列社会冲突与矛盾的导火索。因为，在行政干预下的地方国有企业的用地调整决策通常是基于政治收益最大化的考量，而对用地调整的综合效用及影响评估不足，影响用地调整后业主企业的"二次创业"。例如，南京电炉厂推倒重建多年后，仍然面临大量干部职工的安置和历史债务问题，成为企业"二次创业"的重要障碍。

　　鉴于此，本章建议在未来地方国有或集体企业的用地调整过程中，应进一步理顺政府与市场之间关系，构建和谐"政企关系"。通过规范和约束政府的行为，充分发挥市场调节机制的作用，让市场力量去影响甚至决定对弈各方的行为决策；而城市政府则可以通过制定相应的产业引导、污染治理、空间管制政策等，配合市场机制发挥作用，实现政府管制内容由"市场主体行为"向"市场规则设立"的转变，让市场定价机制而非政府行政命令成为对弈双方"讨价还价"的关键。

第8章 央地博弈：金城集团的用地调整

作为中华人民共和国的同龄企业，金城集团有限公司（原金城机械厂，简称金城集团）以"航空报国、强军富民"为己任，经过 60 多年的发展，企业规模不断壮大，仅"金城"品牌价值就达 60 亿元，企业资本实力雄厚；同时，作为中国航空工业集团公司的全资子公司，金城集团由国务院国有资产监督管理委员会直接监管，属于中央企业（以下称央企）。在与地方政府的谈判与博弈过程中，金城集团可以凭借央企特有的资本与权力优势，更多从自身收益最大化的角度出发进行策略选择。因此，金城集团在对老厂区工业用地进行改造时，采取的是产权不变前提下的空间重建，属于企业用地的"更新类调整"。以此为典型案例，通过追踪老厂区的更新改造过程，剖析用地调整中政企双方的"成本-收益"关系，并进一步运用博弈论的分析方法，探索新型"央地关系"下城市存量工业用地调整的动力机制。

8.1 金城集团的时代变迁

中华人民共和国成立前夕，解放军空军 21 厂（即国营第 511 厂）在上海成立，翌年 8 月迁入南京，更名为金城机械厂（以下称金城厂），厂区位于白下区老城东南，距离中山门约 2 公里，靠近西安门遗址和明故宫历史城区，东近解放路、南临瑞金路、西至龙蟠中路、北接中山东路，总用地面积约 39.5 公顷，其中生产建筑 10 万平方米（图 8.1）。金城厂成立之初主要从事飞机和发动机的综合修理，为全民所有制大型企业和航空航天工业部骨干企业；1958 年，金城厂主营业务转向航空机载设备的制造等。

20 世纪 70 年代末，金城厂贯彻中央军委关于"保军转民、以军为本、以民养军"的方针，大力发展民用产品，在多年从事航空液压泵、液压马达、空气压缩机等航空液压气动产品的基础上，决定开发两轮摩托车产品，通过对日本本田样车的剖析，在 52 家专业协作厂的配合下，于 1979 年初造出 CJ-70 型样车，该车最高时速 55 千米，最低等速油耗每百公里 1.4 升，适合城镇环境行驶。1980年，经过 1000 公里道路试验和 1.5 万公里道路耐久性试验，于 1981 年 12 月通过国家鉴定，投入批量生产，成为全国同行业第一家获国家鉴定整车合格证书的单位。之后，金城厂还相继开发了金城牌 JC-50Q、CJ70/CJ70A、JC70/JC70A、AX-100型等摩托车系列产品和 139FM、147F、147F-1、147FM 摩托车汽油机系列产品，

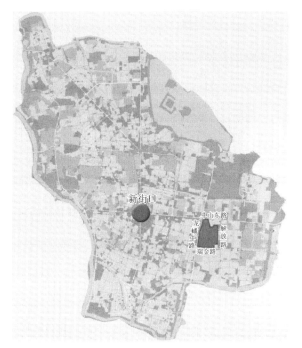

图 8.1　原金城厂区位及其现状用途（金城集团）

被国家摩托车行业确定为全国十九家摩托车定点生产厂家之一。其中，金城 147F 汽油机荣获国家质量奖——银质奖，这也是当时我国摩托车行业首次荣获的汽油机最高奖项。1985 年，金城厂又引进日本铃木公司 AX-100 型摩托车全部技术资料，并与之签订技术合作合同，先期购入 200 套 AX-100 型摩托车整车散装件和 JSIE-50FM 汽油发动机，组装了一批铃木 AX-100 型摩托车，借以锤炼技术队伍，消化吸收较大排气量摩托车制造工艺，推进国产化工作。1988 年，金城试生产部分国产部件与进口铃木部件混装的 AX-100 型摩托车，并采用"金城-铃木"组合商标。之后，随着国产化程度的不断提高，将 AX-100 型摩托车改型为 JS-100 型摩托车。

　　20 世纪 90 年代初，金城厂在吸收国外先进制造技术的基础上，致力于摩托车零部件生产的国产化和外形设计的创新，试制成功 JC125 系列摩托车多种，排气量 125 毫升的系列车中成为金城摩托车的主流车型。1992 年 6 月，以金城厂摩托车生产系统为核心的中国首家摩托车集团——金城摩托车集团成立。集团分为核心层、紧密层和松散层三层，共有 132 家成员企业，能够在更大的范围内组织专业化协作，核心企业腾出更多的人力物力进行新产品的研制开发。1993 年，金城摩托车制造技术输出巴基斯坦，开创中国摩托车行业技术出口之先河。1994 年，金城核心企业完成军品、民品经营机制剥离，摩托车生产、经营、管理以合资的南京金城机械有限公司（以下称金城机械）的形式运作，而金城机械也成为当时中国摩托车行业最大的中外合资企业。1996 年 6 月，金城厂经过公司化改造，正式更名为金城集团有限公司，其中摩托车产值已远远超出原先主营的航空机载设备，当年共计生产各种摩托车超过 70 万辆。1997 年，金城集团与意大利、英国等欧洲著名摩托车整车设计公司和发动机设计公司共同开发世界上较为先进的JC150T 型踏板式摩托车，当年的出口量与创汇额均列同行业之首；同年，金城集团生产的民用高压叶片泵出口量超 10 000 台，同样居中国机械行业第一位。到1999 年，金城集团已拥有 JC150 系列踏板式摩托车的自主知识产权，"金城"商标也正式被国家工商行政管理总局认定为"中国驰名商标"。公司占地面积也达到 100 万平方米，生产性建筑 20 万平方米，职工 5000 余人，其中摩托车事业部职工 2300 余人。

在近 60 年的发展历程中，金城厂以航空起家，不但成了国家高新技术企业，也是中国航空工业和军工系统机电液压工程的科研和生产中心、技术相关的非航空产品开发中心。随着金城集团发展规模的不断壮大，城内现有老厂区已无法满足金城的发展需求（张振波，2007）。而且，由于老厂区紧邻商业中心新街口，周边的商业、生活配套设施完善，区位条件极其优越，因此作为老城最大的工业企业，金城集团与城市整体规划定位越发格格不入。2001 年，金城集团开始与中国航空附件研究所强强联合，组建新的金城集团有限公司，同时成立中国一航金城南京机电液压工程研究中心（简称南京中心）并投入建设（图 8.2）。2005 年 11 月，位于江宁经济技术开发区的南京中心正式开业投产，占地 400 多亩，主要作为航天液压等技术的研发及产品生产，不仅接收了从主城搬迁过来的部分生产线，并扩大了原先的生产规模。与此同时，南京为支持企业搬迁改造也陆续提出了"退二进三"、"退二优二"、"三联动改造"、"都市产业园"等一系列工业企业搬迁改造政策（邢佳林，2013）。

图 8.2　中国一航金城南京机电液压工程研究中心

2009 年 2 月,作为世界 500 强军工企业的中国航空工业集团公司,与南京市人民政府在长期良好合作的基础上签署《中国航空工业科技城(南京)项目投资协议》。根据该协议,南京市政府支持中航工业在南京市中山东路 518 号金城集团厂区(明故宫机场旧址)建设南京中航科技城;而中航科技城将通过引进国内外一流航空研发机构和管理机构,形成以航空科技以及相关产业的研发与试制、成果孵化与展示、国际交流与合作、市场开发与营销、军转民项目为内核,并融合金融、贸易、传媒、会展、配套、生活设施和现代服务业为一体的都市航空科技城,聚合城市优质资源,吸收非航空企业入驻,最终建成以航空概念为主题的未来科技之城。据介绍,项目总占地面积约 40 万平方米,规划建筑面积超过 120 万平方米,是全国首个以航空科技为内核的顶级科技研发中心区,总投资预计约 200 亿元。具体而言,以老厂区中间南北向的航空路和东西向金城路为界,大致分为四个片区。如图 8.3 所示,航空路以东片区主要为居住、商办和科研设计用地,其中靠近解放路一侧为居住用地,而厂区中间金城路以南为商办混合和科研设计用地,金城路以北为中心公园、幼儿园和商办混合用地;航空路以西片区则包括龙蟠中路以东的科研设计、商业用地和绿地公共空间,其中金城路以南全部为科研设计用地,金城路以北包括金城大厦、科研办公和部分用于试生产的保留厂房及西安门广场等。至此,金城集团经历了一个完整的时代变迁,也见证了这座城市的发展(图 8.4)。

8.2　不同参与主体的利益诉求与行为逻辑

与南京电炉厂的推倒重建案例相类似,金城集团二次开发过程中的直接利益相关者是指在制定企业搬迁退出及用地调整决策时,具有独立行为及承担相应结果能力的组织或部门,主要包括城市政府、金城集团及其所属的中国航空工业集团公司。其中,金城集团作为占有初始工业用地使用权的业主企业,其主要利益诉求始终围绕在如何利用其原土地使用权人的优势获取更多的补偿、补贴或利益分配,争取到更优惠的政策,以便企业顺利转型发展。城市政府作为社会公共资源的所有者,还在企业退出过程中扮演监督者、管理者等重要角色,其所关注的内容也超越了物质形态的表面层次,更多地指向了城市土地有效利用带动的城市整体发展及长远发展(杨晓辉和丁金华,2013)。虽然,企业退出与用地调整会对企业职工及周边居民等社会公众产生一定影响,但是由于金城集团老厂区相对封闭,与周边居民互动关系较弱,而且金城集团的二次开发并未影响企业正常经营,也不涉及员工再就业及安置等问题。因此,本章将重点讨论城市政府与业主企业基于各自利益诉求的"成本-收益"关系。

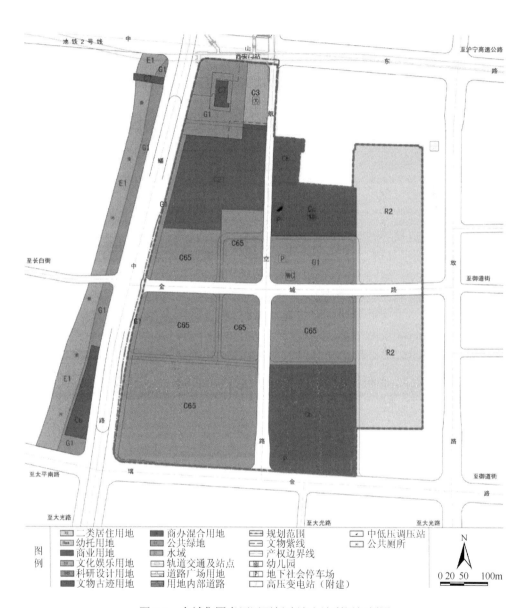

图 8.3　金城集团老厂区更新改造土地利用规划图

资料来源：《南京老城白下片区 Mca030-20 地块（中航工业科技城）控制性详细规划调整》

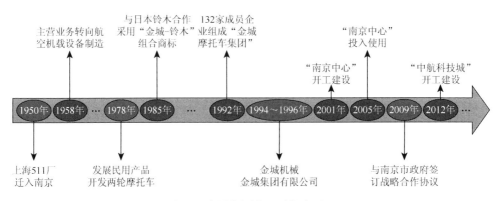

图 8.4　金城集团的"时代变迁"

在工业用地调整过程中各利益相关者的主要目的是使自身利益最大化,但不同利益相关者的利益诉求也不尽相同(表 8.1)。对业主企业而言,其利益诉求主要为保住到手的利益不受损,获得更大发展空间和更好发展机会,同时享受土地增值收益、获得投资回报,通过产业转型维持企业可持续发展等;对城市政府而言,它在企业退出过程中同时扮演监督者、管理者、参与者等不同角色,利益诉求也与业主企业不同,其最大利益诉求并非获得高额的利润回报,而更加注重取得的社会效益、环境效益、政治效果等,具体而言主要包括盘活城市存量土地,加快产业升级,促进城市转型发展,同时获得税收和土地出让收益,维护社会公平正义,改善城市形象,等等(邓珊,2015)。总之,城市工业用地退出过程中的利益分配是政企双方博弈的根源,但也为双方相互配合提供了利益契合点。

表 8.1　金城集团用地调整直接利益主体行为特征

主体	角色定位	利益诉求	收益	成本/风险
城市政府	监督者管理者参与者	盘活存量土地、加快产业升级、促进城市转型发展、获得税收和土地增值收益、改善城市形象、维护社会公平正义等	产业转型升级、城东干道景观带建设、中山东路交通疏解、土地出让收入	基础设施配套、低价出让郊区土地的损失
金城集团	参与者	保证原有收益不减少、获得更大发展空间和更好发展机会、分享土地增值收益、获得投资回报、改善生产环境等	获得新的更大发展空间、获得新的更好投资机会、搬迁补偿	补交土地出让金、通勤成本、企业组织改变、固定资产损耗

资料来源:作者根据相关文献总结归纳。

具体地,在金城集团的二次开发案例中城市政府所获得的收益主要有产业转型升级促进城市经济发展及综合竞争力提升,城东干道(龙蟠中路-龙蟠南路)两侧景观改造促进城市形象与品质的改善,同时金城集团的改造还将在很大程度上疏解了中山东路等城市内部主干道的交通拥堵情况;但在这一过程中城市政府也要承担用地调整后配套设施建设和金城集团新厂区土地供给让利等成本。对金城集团而言，其收益主要有获得更大发展空间（在江宁新建厂区）、获得新的投资机会（投资建设中航科技城）和土地增值收益等；但同样金城集团也要为其退出支付一定的成本，主要有通勤成本增加、企业组织改变和固定资产损耗等。

8.3　基于"成本-收益"的博弈关系变迁

政企双方每一次基于自身"成本-收益"的行为决策都会对彼此的得益情况产生影响，而利益分配结果的不同又直接决定了下一轮博弈过程中对弈各方的策略选择（王珏，2014）。由于金城集团属于中央直管的大型国有企业，它所代表的利益集团在行政级别上高于地方城市政府，导致城市政府无法完全通过行政干预手段影响企业的退出与用地调整。因此，本节将借鉴"智猪博弈"，分析金城集团二次开发过程中政企双方的"成本-收益"变化，以窥探各自的内在行为逻辑。

在老厂区的工业用地退出前，金城集团已经面临发展空间限制其规模壮大的现实问题；南京市政府也存在强烈意愿对城东干道进行改造，以解决日益严重的交通拥堵与景观破败等问题。虽然，政企双方同时具有用地调整的冲动，但是由于双方利益诉求并不完全一致，因此在调整方案制定和具体决策过程中同样存在利益分歧。金城集团及其所属中航工业的价值偏好可以归纳为以下几点：①将厂区内现有的制造类模块迁至江宁新厂区，而将航空技术研究中心保留在旧厂区内；②在不丧失土地所有权的前提下，实现土地价值最大化；期望有稳定现金流，期望利润值为每年 8000 万至 1 亿元；③尽量选择企业熟悉并有一定运作能力的产业，不希望选择如零售、餐饮等相对陌生的行业。而城市政府则希望通过"退二进三"政策引导，将金城集团在主城的厂区整体搬迁至开发区（江宁），对旧厂区的土地进行挂牌转让，将工业用地转为商业用地，由此带来的土地级差收益，17%交给国家，83%用于新厂搬迁的建设。虽然，此方案在当时的背景下有一定的合理性和利润空间，但金城集团放弃土地使用权，变相卖地不能保持稳定的现金流。而且，工厂搬迁的重置成本和政府在土地转让及开发过程中的各种税费过高，真正能带给金城集团的利润是有限的（张振波，2007）。

由此可见，政企双方不同的利益诉求，使二者在用地调整过程中的目标函数各异。从对弈双方的行为策略看，金城集团作为工业用地的使用者有"退出"和"不退出"两种策略选择，而城市政府作为工业用地的所有者有"改造"和"不改造"两种策略选择；从博弈的次序分析，由于政企双方都具有一致的空间改造冲动，因此在次序上不分先后，而只是对一方的行为决策做出响应，并提出己方条件或要求。可见，金城集团的退出改造，是一个完美信息的动态博弈（dynamic game）。如表 8.2 所示，当城市政府选择"改造"策略，而金城集团也选择"退出"策略时，业主企业获得稳定现金流和搬迁补偿各 100 单位，城市政府可以获得政治和社会利益 100 单位（由于金城集团属于中央直管，因此其经济收益无法与城市政府分享），双方均摊成本各 50 单位（政府向企业支付搬迁补偿，企业承担搬迁风险），此时政企双方收益分别为 50 单位和 150 单位；若城市政府选择"不改造"，金城集团选择"退出"，城市政府收益不变，且节省 50 单位成本，而业主企业则需要独自承担 120 单位的改造成本（政企双方合作改造可以减少改造成本，因此政府独自承担的成本大于双方合作情况下的总成本），此时政企双方的收益分别是 100 单位和 80 单位；若在政府与企业策略互换情况下，业主企业仍可获得 200 单位总收益，城市政府则需要支付额外的 120 单位成本，政企双方收益为 –20 单位和 200 单位。所以，无论金城集团采取"退出"或是"不退出"策略，城市政府的最优选择都是"不改造"，而通过"搭便车"享受企业退出带来的产业转型、景观改善和交通疏解等效益。

表 8.2　金城集团用地调整前对弈双方的收益矩阵

策略		金城集团	
		退出	不退出
城市政府	改造	（150，50）	（200，–20）
	不改造	（80，100）	（0，0）

注：表中数字根据实际设定，代表相对大小，不指具体数额；前为企业收益，后为政府收益。

从现实情况看，金城集团早在 2000 年就开始谋划发展第三产业，但是由于老厂区空间局促及主城区内土地有限，无法实现企业转型发展。2001 年，金城集团开始在江宁投资建设南京中心，并于 2005 年 11 月正式开业投产，承接从主城搬迁过来的部分生产线（章建豪，2009）。但是，由于金城集团始终掌握着工业用地使用权，而且其所代表的利益集团（中央政府）在行政级别上也要高于地方城市政府，因此在企业生产部门搬迁的同时并没有同步进行工业用地的调整，致使南京市政府无法坐享企业退出带来的各种环境与社会效益。而随着南京的城市化进程不断加速，老城区内的建设用地供需矛盾进一步凸显，城市道路拥堵与土地闲置等问题日趋严重，企业用地调整带给城市政府的潜在经济与社会收益也迅速上涨。于是到 2009 年，南京市政府与中国航空工业集团公司签署《中国航空工业科技城（南京）项目投资协议》，决定由中航工业集团主导进行中航科技城项目开发运作，在维持原有土地权属不变的基础上，安排集中型都市产业园，同时满足老城多元化的就业需要、地方城市政府的政绩和财税需求以及业主企业的利润考核与发展空间需求，实现各利益相关者之间的"多赢"局面。

理论上，金城集团与南京市政府之间的博弈关系变迁已经突破了传统的"智猪博弈"模型，应该用"新智猪博弈"来解释。金城集团由于掌握着工业用地的使用权，在与城市政府的博弈过程中占据明显优势，扮演"大猪"角色；而城市政府因为不具备支付高额补偿金的能力，而且无法像对待市属企业那样采用行政手段进行干预，因此在与金城集团的博弈过程中处于劣势，扮演"小猪"角色。虽然对弈双方均能在企业用地调整过程中获得一定收益，但由传统"智猪博弈"模型可知，"聪明"的城市政府不会主动采取行动，而是等待掌握更多资源的业主企业对工业用地进行改造。但是，由现实情况可以看出业主企业不希望独自承担用地改造的成本，所以往往会通过其他各种利益交换或激励机制，促使政府参与或配合改造，以实现自身利益的最大化，而金城集团所提供的交换利益，成为政府是否让步的关键。

如图 8.5 所示，金城集团早在 2005 年就开始将老厂区的部分生产线迁往江宁，并通过合作或出租的方式对老厂区范围内工业用地进行开发和运作（张振波，2007）。例如，与台湾大润发集团合作成立"金润发"仓储式超市，以及引进的"月星家居"、"东江海鲜城"等都取得了良好的经济效益和社会效益。之后，南京市政府看到金城厂的搬迁退出提供了一个建设新城市中心服务区职能的契机（邢佳林，2013），随即在 2006 版《南京老城控制性详细规划》对金城集团老厂区的用地性质、建设规模和容量进行详细界定，规划在金润发超市的基础上，与金城集团产业升级优化相结合，启动建设老城东部商业服务、文化休闲中心，即瑞金路商业中心。但是，金城集团始终坚持保留旧厂区土地所有权不予出让，而是希望通过对厂区的改造、更新，引入新的产业盘活土地及存量资产（邢佳林，2013）。为充分主张自身存量资产增值不受"侵犯"，金城集团从 2007 年开始在江宁开发区空港工业园建设航空轻型动力等四大产业基地，与城市政府进行利益交换；而且，金城集团还在 2008 年 11 月的项目开工仪式上邀请时任省长罗志军为江苏航空动力高技术产业基地落户江宁经济开发区揭牌，进一步增加利益交换的政治砝码。到 2009 年，南京市政府与中航工业及金城集团签署《中国航空工业科技城（南京）项目投资协议》，并结合金城集团要求对 2006 版控规进行调整。根据调整后的规划，金城集团结合自身发展需求将老厂区内的加工、制造单位陆续搬迁至江宁生产基地，城内只保留集团总部、研发中心、产品营销和三产部门；而南京市政府则分三批次将金城集团老厂区内退出的工业用地使用权以挂牌底价重新出让给金城集团和中航科技城，规划用地性质也由原来的商业调整为科研设计、商住混合和二类居住等。而对于规划航空路以东的用地，仍然保持工业用地性质不变，作为金城集团的生产车间，主要是生产一些高端精密仪器的部件。

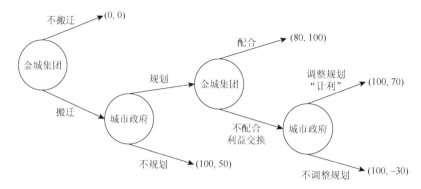

图 8.5　金城集团二次开发过程中的"新智猪博弈"

8.4　本章小结

本章以金城集团的二次开发为例，分析了在地方政府配合下央企用地调整过程中各利益主体之间的博弈关系，主要结论如下。

由于央企与城市政府之间的权力关系复杂，城市政府无法直接分享央企在用地调整过程带来的增值收益，因此工业用地调整过程中的成本分摊成为政企双方博弈的焦点。按照"智猪博弈"的逻辑，城市政府不会主动承担空间改造的成本，而是采取"搭便车"策略，坐享央企自主更新带来的各项社会、环境等方面收益。在本章的案例研究中，金城集团通过各种利益交换或激励机制（如提供其他税源或项目合作机会），促使城市政府做出让步，并配合完成对存量工业用地的改造，打破了理论假设中关于城市政府与央企之间的传统"智猪博弈"关系。

虽然，央企基于"新智猪博弈"的策略选择促成了其与城市政府间的合作，但是城市政府在配合央企用地调整中的主体能动性仍然不强，导致对公共福利的重视不够，阻碍工业用地调整应有的社会、环境等效益的实现。而且，在城市内部还有一些央企因为"历史包袱"过重等原因，无法通过利益交换与城市政府达成合作共识，工业用地的调整难度依然很大。因为，当面对这类企业时，城市政府既不能从双方谈判中找到新的利益点，更无法通过行政干预手段实现对存量工业用地的调整。

鉴于此，建议城市政府在未来配合央企的用地调整过程中，应该充分发挥政府自身的主体能动性，积极找寻与央企的利益共同点，并通过利益交换与央企达成共识，以合作方式完成对企业用地的调整。同时，在参与或引导企业用地调整过程中，还要注重由"发展型政府"向"服务型政府"的转变，统筹考虑企业用地调整的经济、社会、环境等各方面综合收益。

第9章　政商合作：莫愁洗衣机厂的用地调整

南京莫愁洗衣机厂原为市属第二轻工业局所属四家集体企业合并而成的家用电器一厂，后经主管部门批准更名为南京洗衣机厂。之后，在激烈的家电市场竞争中，洗衣机厂订单业务骤减，最终资不抵债被南京无线电厂（熊猫集团前身）兼并。几经周折，莫愁洗衣机厂于2002年宣告破产，资产划归熊猫集团所有。后经鼓楼区政府协调，熊猫集团将洗衣机厂土地使用权租赁给新开发商，由新开发商进行空间营运与管理。在此过程中，原厂区内工业用地的空间与产权均未发生变更，而仅对功能进行转型利用，属于工业用地的"改造类调整"。以此为典型案例，通过追踪不同利益主体间的博弈与决策过程，探索"市场竞合关系"下城市存量工业用地调整的动力机制。

9.1　莫愁洗衣机厂的前世今生

南京洗衣机行业从20世纪80年代兴起，经历了由单筒到双桶、套筒，再到全自动的发展历程。早在1978年，南京电子管厂（三乐电器前身）就开始借鉴国外同类产品技术，研制波轮式全自动洗衣机，经过5个多月的试制，终于在1979年4月研制成功雨花牌ZXB 2-1型全自动洗衣机，成为国内第一台自行设计的全国产化自动洗衣机。1981年，南京汽轮电机厂试制并生产长风牌单缸洗衣机4750台；同年，南京红卫千斤顶厂生产"莫愁牌"单缸洗衣机1914台，并于5月份经市计划经济委员会批准，与同属二轻系统的其他三家集体企业合并组建"南京家用电器一厂"。翌年，市政府为从根本上缓解家用电器一厂大批量生产所面临的土地和厂房问题，决定将其与钢锉三厂合并经营，将厂区迁往定淮门街。1983年，南京家用电器一厂与南京市第二轻工业局科研所共同研制双桶洗衣机，并通过中国家用电器工业质检中心站测试。1984年2月23日，经市计划经济委员会批复同意，南京家用电器一厂将锉刀业务下放给江宁县殷巷锉刀厂，并再次更名为南京洗衣机厂，厂区位于鼓楼区定淮门大街12号，占地面积4.5万平方米，建筑面积2.3万平方米（图9.1）。同年，以南京洗衣机厂为主体组建成立南京洗衣机总厂，并于次年获得市计经委同意批复，将南京文体器材厂改为南京洗衣机总厂套缸洗衣机分厂、南京工艺纸箱厂改为南京洗衣机总厂包装箱分厂。1985年3月，洗衣机总厂又以国外双桶洗衣机为原形，测绘设计XPB 20-5 S双桶洗衣机，连续获江苏省十佳产品评选荣誉奖、江苏省质量跟踪评价消费者信得过奖和江苏省优质新产品金牛奖,南京洗衣机总厂成为除南京电子管厂外唯一定型生产洗衣机的企业。据原南京洗衣机总厂工程师史钢梁回忆说,"那时候,等着运送洗衣机的卡车在古平岗路口排着几条长队,我们作为一名洗衣机厂的工人十分自豪。"

图 9.1　原莫愁洗衣机厂区位及其现状用途

　　之后,随着国际大品牌和国内小天鹅全自动洗衣机进入市场,莫愁牌双缸洗衣机和另一个南京本土"三乐"品牌半自动洗衣机没能及时更新换代,结果都没能抵住市场竞争压力,订单大幅减少。1987 年,南京无线电厂联合全国 150 多家企事业单位、高校、研究所,以"熊猫"电子产品为龙头,组建"熊猫电子集团",并于次年兼并南京洗衣机厂成立"南京无线电厂家用电器分厂",继续生产熊猫牌和莫愁牌洗衣机;1990 年,莫愁洗衣机生产线正式停产,但家用电器分厂继续开发多种型号的熊猫牌双桶洗衣机,以适应不同用户的需求。1992 年,南京无线电厂的主体部分通过改组,成立南京熊猫电子股份有限公司;1995 年,南京无线电厂正式更名为熊猫电子集团公司(以下称熊猫集团),同年底熊猫集团又与韩国 LG 电子株式会社共同投资创办了集波轮、滚筒洗衣机设计、生产、销售为一体的专业家电生产企业南京乐金熊猫电器有限公司(LGEPN),并将原莫愁洗衣机厂业务逐步转移到 LGEPN 公司。2002 年 3 月,原莫愁洗衣机厂正式宣布破产,资产划归熊猫集团所有。

　　但是,熊猫集团对于老厂区改造并不擅长,因此为盘活存量资产、安置老厂职工,减轻集团经济负担,熊猫集团向鼓楼区政府寻求帮助与扶持。之后,鼓楼区政府提出了"区域空间有限,科学发展无限"的口号,考虑盘活区内闲置厂房,重点发展科技产业,把产业从"制造"转化为"创造",并选择原莫愁洗衣机厂厂区,规划建设一个科技含量高的产业园区。2003 年 9 月,经鼓楼区政府招商引资,南京顺天实业有限公司(以下称顺天实业)投资 3000 万元,与鼓楼区人民政府、南京熊猫集团、南京大学—鼓楼高校国家大学科技园联合打造南京世界之窗软件科技园(以下称世界之窗),换来了这片近百亩土地的新生。改造后的园区建筑面积 40 000 平方米，北靠南京青山古城墙，南临秦淮河风光带，是一座独特的园林式的高科技都市科技园区。经过短短一年时间，已有 78 家中外软件企业落户园区，多年沉寂的厂区成为创业的热土，顺天公司赢得了大刀阔斧发展的平台；洗衣机厂每年也可获得 600万元租金，职工生计有了基本保证，同时解决了部分下岗人员的再就业问题；对政府而言，同样一片土地通过要素重新配置和科技创新，从财政包袱成为鼓楼区的经济亮点。从某种意义上讲，对莫愁洗衣机厂的改造是政府、国企、民资的"三赢"。

近十年来，世界之窗软件园依托南京大学—鼓楼高校国家大学科技园的资源与平台优势，致力于建成专业化、开放型、生态型的高新软件集聚区，成为江苏省的一个品牌，在全国也有广泛影响。截至 2013 年底，园区进驻科技企业百余家，从业人员达到 5000 多人，年产值 16 亿元以上。但在 2014 年 1 月 28 日，世界之窗软件园却被鼓楼法院强制执行搬迁，原因是顺天实业所租赁的中电熊猫厂房十年租期已到，中电熊猫希望收回厂房另作他用。而顺天方面则称，曾经创造多个辉煌的世界之窗软件园，当初系鼓楼区政府招商引资而来，并受政府主导运营，如今虽租赁到期，但本着有利发展的原则，政府应出面协调让其优先续租。但是，在鼓楼区科技园管理委员会对双方多次斡旋未果的情况下，熊猫集团与顺天实业之间的《租赁协议》被迫解除，世界之窗不得不让出土地使用权。而诸如朗坤软件等园区企业正常运营也受到严重影响，甚至搬离世界之窗软件园。2014 年 6 月，熊猫新兴实业有限公司（以下称熊猫新兴）正式接管软件园，并将软件园更名为熊猫新兴软件园。随着园区经营主体的更换，鼓楼区政府对软件园的重新发展充满期待，并专门出台文件以大力支持园区的"二次创业"（图 9.2）。

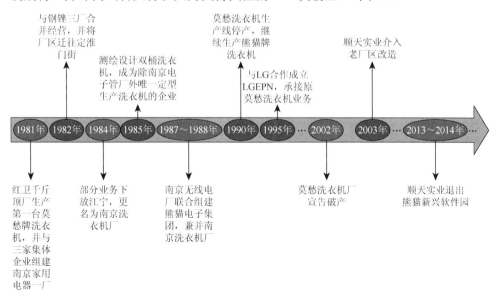

图 9.2　南京莫愁洗衣机厂的"前世今生"

9.2　不同参与主体的利益诉求与行为逻辑

在莫愁洗衣机厂的用地调整过程中，直接利益主体有城市政府、业主企业（中电熊猫集团与洗衣机厂）、新开发商（顺天实业及其代理世界之窗公司）等，其他园区企业（入驻世界之窗软件园的企业）及社会公众则共同构成改造的间接利益主体。其中，城市政府作为用地调整的政策供给者、改造监管者和利益协调者，其主要利益诉求是推动整个城市可持续发展和土地资源利用效率的不断提高（邵任薇，2010；赵艳莉，2012）。因此，城市政府对于工业用地调整的关注更多地指向调整背后的城市整体利益及长远利益，其行为特征也表现为将工业空间的功能转型作为控制手段，凭借自身掌握的政治权力对各种社会利益需求进行平衡与折中，并对社会价值权威进行分配，实现服务群众、体现政绩、发展经济的目标，而不是"与民争利"。业主企业作为城市工业用地调整中最直接的参与主体，其行为符合"理性自利"的原则，通常只着眼于近期的空间利益，城市长远利益和公共利益往往并不是其主要考虑的内容（杨晓辉和丁金华，2013；左为等，2015）。对莫愁洗衣机厂的用地调整而言，由于业主企业自身不具备对老厂区实施改造的能力，因此从最大化其资产收益角度，配合政府改造并支持新开发商介入是最佳的理性选择，但前提是不放弃对原有工业用地的使用权。而作为独立的市场主体的新开发商作，凭借所掌握的资本力量参与到存量工业用地的调整过程中，其利益博弈始终围绕"以较低成本占据最利于资本积累的优势区位空间，并制造'寻租空间'以实现自身经济利益的最大化"（熊向宁等，2010；黄瑛等，2013）。在莫愁洗衣机厂的用地调整案例中，顺天实业时任董事长毛顺初先生率先从政府的激励政策中读出了商机，经过精心设计和规划，投入3000多万元成功将占地70亩、建筑面积4万多平方米的莫愁洗衣机厂旧厂区改造成为世界之窗软件园，既适应了当时的经济潮流，也抢占了行业先机。

具体而言，在莫愁洗衣机厂的用地调整过程中各直接利益相关者的利益诉求及其成本与收益情况如表 9.1 所示。虽然城市政府在莫愁洗衣机厂的用地调整过程中需要提供一定的财政支持和土地收益的部分让渡，似乎损失了直接经济利益，但却收获了间接的经济利益和难以直接估量的社会效益、政治效益和环境效益。尤其，作为公共事务管理者，城市政府通过参与改造促进城市环境改善与品质提升，既能得到上级政府的肯定，也会赢得本地居民的支持。而业主企业在不放弃土地使用权的基础上，以租赁形式将厂区内土地使用权转让给新开发商，既盘活了企业本身的存量资产，还能获得稳定的租金收入，而且无须支付任何显性成本。此外，随着城市内部土地资源日益稀缺，新开发商把老工业用地改造看成企业发展的重要机遇；同时，开发商通过对旧厂房的改造盘活城市存量土地，提高城市整体土地利用效率，促进产业转型升级，有利于其赢得政府支持与良好市场声誉，为争取更广泛的后续合作机会奠定基础。

表 9.1　莫愁洗衣机厂用地调整过程中对弈各方"成本-收益"辨析

主体	利益诉求	收益	成本/风险
城市政府	推动整个城市可持续发展和土地资源利用效率的不断提高，空间转型背后的城市整体利益及长远利益	破解城市发展土地瓶颈，促进产业升级和城市转型，提升城市品质，获得群众支持和上级肯定等政治收益	改造过程中的配套基础设施建设，国有土地出让收益让渡，既得利益者的抵触，改造失败的风险
业主企业	占有土地使用权，最大化其存量资产的收益	获得稳定租金收入，盘活存量资产，空间资产升值	谈判、磋商等交易费用，可能的产权纠纷，二次闲置风险
新开发商	最大化其投资收益，获得政府支持及后续合作机会，赢得市场声誉	获得发展空间及新的投资机会，占据良好区位，政府的政策支持及税费"让利"等	前期资金投入，谈判、磋商等交易费用，产出难以预测，政策改变风险，业主违反契约风险

9.3　基于"成本-收益"的博弈关系变迁

在城市工业用地调整研究中引入博弈论的观点，既要探讨这一过程中"资本逐利"的本质，也应考虑其背后所蕴含的政治、社会、文化背景，从而更有效地解释这一过程中各利益相关者之间的策略抉择依据，以及彼此间的博弈互动关系（黄瑛等，2013）。然而，在现实的用地调整过程中所涉及的成本投入和收益分配并不完全按照下面内容假设的情况分割，因此各主体间的博弈状况也更加激烈与复杂，但从下面内容的简化模型中，仍可从博弈论的视野窥见各方主体如何进行行为决策，以实现自身利益最大化。下面内容出现的数字是根据实际情况假定，仅代表对弈各方所获得收益的相对大小，不指示具体数额。

在对莫愁洗衣机厂的工业用地进行更新改造之前，首先作为业主企业的熊猫集团为了实现其存量资本收益的最大化，产生了对老厂区实施更新改造的意愿；鼓楼区政府为了追求自身的政治业绩或所谓的"公共利益"，也对盘活区内闲置厂房具有一定的冲动。但是，对于老厂区的具体改造方案，熊猫集团与鼓楼区政府因不具备相关经验，均表示"无能为力"或者"无利可图"。假设老厂区改造能够在短期内为鼓楼区政府和熊猫集团带来的经济、社会、政治等综合收益为 200 单位，但同时需要双方共同支付 300 单位的改造成本（由于双方均不具备老厂区改造经验或能力，因此总收益小于成本）。如表 9.2 所示，如果政企双方联合改造，则需要各自分摊成本 150 单位，获得收益 100 单位，双方的净收益均为-50 单位；但如果一方承担全部成本，另一方坐享其成，则改造一方付出 300 单位成本仅获得 200 单位收益，净收益为 -100，坐享其成一方则可以净得益大于 0（改造具有正的外部性）；而如果双方均选择无所为，则双方收益均为 0。因此，在缺乏协调与约束的背景下，城市政府和业主企业的严格优势策略均为"不作为"，即在不合作的状态下，企业用地调整往往从开始就陷入了困境。

表 9.2　新开发商介入前鼓楼区政府与熊猫集团的博弈收益矩阵

策略		熊猫集团	
		改造	不改造
鼓楼区政府	改造	（-50，-50）	（-100，>0）
	不改造	（>0，-100）	（0，0）

随着城市内部建设用地供需缺口压力不断加大，居民对城市形象与品质改善的诉求也日益增强，导致城市政府从老厂区改造中可能获得的政治和社会效益增加；此外，老厂区/厂房的长期闲置还在很大程度上加剧了业主企业负担，阻碍企业转型升级步伐，甚至连正常运营都受到影响。因此，在综合考虑闲置土地的现有状况与未来前景后，鼓楼区政府与熊猫集团均有意愿将老厂区的更新改造推进至下一阶段。同时，为了尽量减少自己承担费用，政企双方又不得不"拉拢"新的市场主体或合作伙伴加入改造，以平衡收支。而作为新开发商的顺天实业凭借在盘活倒闭企业方面的丰富经验，察觉到了莫愁洗衣机厂老厂区改造可能带来的潜在利润空间，产生了参与改造的冲动。于是，鼓楼区政府在 2003 年主动引导南京顺天实业有限公司参与莫愁洗衣机厂的空间转型，以实现自身政治、社会效益最大化。但是，由于熊猫集团与顺天实业同为独立的市场主体，在所有制形式上分属于中央直管国有企业和完全的民营企业，因此鼓楼区政府无法凭借其掌握的政治权力对两者的博弈进行平衡，只能作为监管者协调二者的市场行为。因此，在新开发商加入后，原本政企之间的二元博弈演化为两市场主体间的博弈，而城市政府只能作为市场监管者与利益协调者间接参与改造。

假设顺天实业作为新开发商的加入，可以为老厂区改造节省一半成本（即 150 单位），同时创造两倍的经济收益（即 400 单位），最终可实现 250 单位的净收益，从而使老厂区改造在经济上成为可能。但是，作为老厂区改造中最直接的对弈双方，熊猫集团与顺天实业对老厂区土地增值收益的竞争，成为改造能否顺利进行的关键。作为业主企业的熊猫集团不愿意放弃对老厂区工业用地的使用权，只能通过厂区出租的方式进行改造，因此其在与开发商的博弈过程中有"高租金"和"低租金"两种策略选择；而顺天实业作为新进入的开发商同样具备两种策略，一是以"租赁"方式自行对厂区进行改造，然后向业主企业支付租金，二是业主企业选择租金"入股"，双方合作经营，共享改造收益。假设熊猫集团的"高租金"和"低租金"策略分别需要顺天实业支付 100 单位和 50 单位的租金。当熊猫集团采取"高租金"策略，而顺天实业选择"租赁"方案时，熊猫集团获得收益为 100 单位，顺天实业只能获得剩余的 150 单位收益；当熊猫集团采取"高租金"策略，而顺天实业选择"入股"方案时，熊猫集团 100 单位的租金投入占改造总成本的 2/3，因此可获得总收益的 2/3，即 167 单位，顺天实业只能获得剩余 83 单位收益。当熊猫集团采取"低租金"策略时，双方的收益情况类似。由表 9.3 可知，在熊猫集团不放弃土地使用权的前提下，顺天实业的占优策略是"租赁"，因此熊猫集团以较高租金将厂区内的土地使用权出租给顺天实业改造是这一阶段博弈的"纳什均衡"。

表 9.3　熊猫集团与顺天实业在不同合作策略下的博弈收益矩阵

策略		熊猫集团	
		高租金	低租金
顺天实业	租赁	（150，100）	（200，50）
	入股	（83，167）	（167，83）

注：括号中前面为顺天实业收益，后面为熊猫集团收益。

　　对比改造前后对弈各方的收益可以发现，改造后各方收益的增加是导致博弈结构变迁的主要动因。对熊猫集团而言，顺天实业的加入使得原本"无利可图"的老厂区改造变得"有利可图"（改造净总收益由–50 单位增加到 100 单位）；对顺天实业而言，参与莫愁洗衣机厂的改造也为其赢得了新的投资机会（可以获得150 单位的投资回报）；对城市政府而言，无须支付直接的经济成本（园区的硬件及软件建设几乎全部由顺天实业投资），便能获得产业转型带来的各项收益（盘活用地、创造税收、提供就业、环境改善等）。具体的实际情况也证实了这一理论假设，自 2003 年顺天实业介入莫愁洗衣机厂内存量工业用地调整，并创办世界之窗科技软件园以来，入园企业累计达到 102 家，年产值不低于 40 亿元，每年上缴利税近 2 亿元，园区运营过程中还解决了原洗衣机厂的许多下岗职工的就业问题，所以说鼓楼区政府与顺天实业均从园区建设中获得了一定经济、社会收益，熊猫集团在减轻自身员工安置负担的同时，还能获得每年 600 万元的租金收入。可见，在城市政府的支持引导下，新开发商与业主企业之间的合作收益，是企业用地调整的重要保障（表 9.4）。

表 9.4 莫愁洗衣机厂用地调整过程中的各方利益分析

主体	不改造的负效应	改造成本	改造收益	策略选择
业主企业	固定资产折旧，维护与修缮成本增加	谈判、磋商等交易费用	获得稳定的租金收入，空间资产升值	厂区出租配合改造
新开发商	投资机会损失	租金支出，改造费用，谈判、磋商等交易费用	直接营业收入，市场占有及影响力提高	租赁厂区参与改造
城市政府	土地闲置，不利于环境品质与城市形象改善	协调沟通成本，相关政策制定	闲置土地盘活，税收收入，城市品质与形象提升，公众及上级肯定	支持引导沟通协调

随着世界之窗软件园建设前期成本投入基本完成，空间转型带来的各种经济、社会效益也逐步显现。此时，面对巨大经济利益"诱惑"，作为土地所有权人的熊猫集团要求顺天实业补交每年递增的 3%租金，顺天方面则以熊猫集团负责人曾口头承诺免征递增租金为由对此表示异议。于是，熊猫集团于 2013 年 6 月向鼓楼区初级人民法院提起诉讼，要求与顺天实业解除《租赁协议》，并由顺天实业支付之前拖欠的租金及房屋占用使用费等。之后，随着双方矛盾的不断升级，鼓楼区政府委托鼓楼国家大学科技园管理委员会对双方纠纷进行调解，在政府介入协调过程中顺天实业与熊猫集团双方共提出三套调解方案（表 9.5）。

表 9.5 顺天实业与熊猫集团的矛盾调解备选方案

主体	方案一：政府接管	方案二：双方合作	方案三：顺天实业退出
熊猫集团	继续掌握园区土地所有权，获取稳定的土地租金收入，保持与地方政府的良好合作关系	收回园区土地使用权，并向入园企业征收房屋租金及物业管理费；同时，承担再次纠纷风险	收回园区土地使用权，支付给顺天实业 1 亿元补偿金
顺天实业	继续从事园区管理与运营，由政府支付园区运营管理"佣金"	继续从事园区管理与运营，由熊猫集团支付园区运营管理"佣金"	退出园区管理运营，由熊猫集团支付 1 亿元以补偿其前期改造与建设投资
鼓楼区政府	获得稳定的税收收入和社会效益；向熊猫集团支付租金，并承担两企业再次纠纷的风险	获得稳定的税收和社会效益	税收减少，社会效益也受影响
主张方	熊猫集团、顺天实业	顺天实业、鼓楼区政府	顺天实业

资料来源：根据鼓楼国家大学科技园某工作人员访谈内容整理，2016 年 4 月。

其中，第一套合作方案为鼓楼国家大学科技园代表区政府接管园区，由政府向熊猫集团支付土地租金，并聘请顺天实业进行园区运营管理。在这一方案中，熊猫集团的成本与收益基本保持不变或略有增加（租金上涨）；顺天实业的成本支出大幅减少（无须支付租金）而收益情况则有增无减；城市政府的经济、社会、政绩等方面收益均保持稳定，但其所要支付的成本和承担的风险则明显提高。虽然这一方案得到顺天实业与熊猫集团双方的支持，但鼓楼区政府在综合考虑自身财力并权衡利弊后，表示无力承担园区运营管理成本和可能的财务风险，该方案宣告"流产"。第二套合作方案为熊猫集团收回园区土地使用权，并继续聘请顺天实业进行园区运营管理。在这一方案中，顺天实业的成本收益变化情况与方案一类似，城市政府的经济、社会、政绩等方面收益也基本保持稳定，但熊猫集团在保持总收益不变的情况下，还要承担与顺天实业间再次纠纷的风险。虽然，鼓楼区政府和顺天实业均对此方案表现出较大兴趣，但熊猫集团在综合比较合作的成本（风险）与收益后，决定放弃与顺天实业的合作，该方案也宣告"流产"。第三套方案为非合作方案，即熊猫集团彻底放弃合作机会后，顺天实业以前期园区改造与建设成本投入为由，要求熊猫集团支付 1 亿元作为退出经营的补偿，但对于熊猫集团，十年租赁期内从顺天实业获得的园区土地使用租金也仅 6000 万元（600 万元/年×10 年），鼓楼区政府也表示这一方案在当时的情况下完全不具备可行性，因此该方案也难逃"流产"厄运。

最终，在三方沟通谈判未果的情况下，顺天实业于 2013 年 10 月 14 日向南京市中级人民法院提起上诉，希望通过市政府干预，由市中级人民法院主持调解纠纷，但经二审审理后仍维持初审判决。2014 年 1 月 28 日，顺天实业名下的世界之窗软件园被法院强制执行搬迁，熊猫集团旗下熊猫新兴实业有限公司于同年 5 月 4 日正式接管软件园，并更名为熊猫新兴软件园，工业用地转型进入新的阶段。

9.4　本 章 小 结

本章以南京莫愁洗衣机厂（现熊猫新兴软件园）为例，分析了政府引导新开发商参与用地调整过程中各利益主体之间的博弈与决策过程，主要结论如下。

按照"三方博弈"的理论假设，新开发商在参与企业用地调整过程中，会与城市政府结成"联盟"，分享企业用地调整带来的直接经济收益，而业主企业则只能收获"政商联盟"提供的补偿金或租金。但是，由于本章案例中的业主企业属于央企且未放弃土地使用权，因此在实际的用地调整中，新开发商只能以"租赁"或者"入股"的方式参与空间改造，城市政府也仅扮演"中间人"的角色，对企业用地调整预期收益的分配是新旧开发主体博弈的焦点。

虽然，这一用地调整模式在新旧开发主体合作初期实现了多方利益的共享，但随着新开发商前期改造投资的完成，企业用地调整带来的各项经济、社会效益就会驱使业主企业改变初始决策，从而转向与新开发商分享空间增值收益，以实现自身收益最大化。而且，基于产权不变的企业用地调整，还会影响新开发商对空间的开发利用水平和投资强度，在一定程度上阻碍了企业用地"潜在地租"的实现。

鉴于此，建议城市政府在未来引导新开发商参与用地调整过程中，应该坚持以市场的价格调节为主，政府的宏观调控为辅；同时，加强与新旧开发主体的沟通，协调各市场主体建立良好的利益分配与补偿机制，做好纠纷调解与矛盾化解工作。

第 10 章 转型期中国城市存量工业用地调整研究启示

随着新型城镇化建设逐渐由"量的增长"向"质的提升"的转变，城市内部存量工业用地调整成为我国城市空间转型发展的重要内容，也为城市工业空间重构与功能提升提供契机（Ding and Zhao，2014；Lin，2015）。本书通过历史推演、现场踏勘、调研访谈、计量分析等手段，分析了南京市老城区工业用地调整的动机、模式及其空间影响格局演化的一般性规律，总结出了基于不同利益相关者关系的存量工业用地调整模式。进一步采用理论演绎与实证检验相结合的方法，以工业企业的空间退出为切入点，以不同利益相关者间的多重博弈关系构建解释和分析框架，讨论不同用地调整模式或类型的调整过程和激励，揭示转型期中国城市存量工业用地调整的内在机制。

10.1 中国城市存量工业用地调整的一般规律

通过以上研究，本书主要得出以下几个方面的结论。

（1）伴随城市化与工业化进程演进，城市土地的"潜在地租"水平持续上涨，城市内部存量工业用地相对于其最佳利用方式产生一定规模"租金剩余"。城市政府、业主企业、新开发商等多元利益主体为竞争这部分剩余价值，同时解决环境污染等问题，产生存量工业用地调整的冲动。在工业用地调整的现实过程中，多元利益主体的行为决策既与各自的"成本-收益"相关，同时受到市场化、分权化、全球化、城市化、绿色化等过程的影响。在有限理性的约束下，工业用地调整的各利益相关者的初衷都是为了达到自身"成本-收益"目标函数的最优解，追求利益最大化是一切空间行为的根源。工业用地调整的最基本先决条件就是，用地调整的预期收益大于当前现实收益，而且用地调整的成本要小于所能获得的总收益。但是，由于不同决策主体的"利益偏好"存在差异，工业用地调整过程中的"产权关系"也较为复杂，因此不同利益相关者之间的多重博弈，是企业用地调整达到"纳什均衡"的必由之路。

（2）城市存量用地调整是大势所趋，但是具体的工业用地调整过程却是曲折复杂的。本书根据城市内部存量工业用地调整过程中多元主体间的博弈关系特征，将其分为"政企博弈"、"央地博弈"和"政商合作"三种关系引导下的调整模式。在"政企博弈"的地方国有企业用地调整过程中，虽然政企双方均能获得一定收益，但是双方收益不均衡，导致业主企业采取"拖延"战略；而城市政府为减少谈判中的收益损失，往往采取"胡萝卜加大棒"的策略，在提供"利益补偿"的同时施加"行政干预"，促使企业的改变策略选择，从而使双方从"对抗"走向"合作"。在"央地博弈"下的中央企业用地调整过程中，中央企业凭借其掌握的资本与权力组合，在谈判中占据明显优势，因此"理性"的城市政府会采取"搭便车"策略，坐享企业投资带来的各种政治与社会收益；而中央企业则会通过利益交换为城市政府提供新的利益点，以平衡政府在用地调整中的收支关系，促使双方在合作基础上达到"纳什均衡"。在"政商合作"下的企业用地调整过程中，新开发商凭借其既有经验优势在初次博弈中做出"占优选择"，而城市政府与业主企业则处于从属与配合地位；但是，随着空间转型的深入，新开发商的经验优势逐渐减弱，业主企业便改变策略以分享企业用地调整带来的增值收益，此时政府仅充当利益分配协调者的角色。总之，中国城市内部的存量工业企业用地调整过程，就是政府、企业等多元利益主体根据各自掌握资本与权力的不同，不断进行谈判与博弈的过程，既有横向的"政企关系"，也涉及纵向的"央地关系"，同时有不同市场主体之间的"市场竞合关系"，使得多重博弈的过程变得更加复杂。不同利益相关者之间多重博弈最终所达到"纳什均衡"，就是企业用地调整所呈现出的不同模式或类型（表 10.1）。

表 10.1　城市存量工业用地调整的三种模式比较

	政府干预市属企业	政府配合中央企业	政府引导新开发商参与
核心关系	政企关系	央地关系	市场竞合关系
初始动机	企业用地闲置或低效、环境污染严重、政府财税压力等	企业发展空间受限、产业转型升级需求、城市交通与景观改善诉求等	企业资产闲置、企业员工安置压力、城市景观
博弈焦点	企业获得的收益份额	政府承担的改造成本	开发商的介入方式
初次博弈	政府推动、业主拖延	企业推动、政府观望	开发商介入、业主配合
均衡结果	政府提供经济补偿，并用行政手段进行干预；企业接受补偿，并配合政府改造	中央企业提供交换利益，城市政府接受并配合企业改造	新开发商支付租金并获得空间经营收益；业主收益随着空间经营情况改变
优缺点	政府短期收益高，谈判的交易成本高，长期经济效益差	用地调整效率高，政府经济收益较低，容易滋生权力"寻租"	政府支付成本低，长期经济社会效益较高，
关键机制	利益补偿、行政干预	利益交换	利益激励、利益协调

（3）不同利益相关者经过多重博弈所促成的企业用地调整，深刻影响了城

市的空间形态。首先，住宅和商业等地产项目由于具有"短期收益高、资金回笼快"等特点，受到地方政府和开发商的"追捧"，成为老城区工业用地调整的最主要方向。但是，这两类调整的初期资本投入较高，因此需要有较大的利润空间作为保障，占据了距离市中心较近的空间位置，计划经济时期"工业与居住、商业等空间混杂交错"的空间结构发生变化。尤其，在老城区以住宅和商业开发为主的用地调整，加速了城市由"制造业中心"向"服务业中心"转变。其次，园区载体类项目由于"调整成本低、社会效益好"同样受地方政府"推崇"，但该类调整往往对企业用地的规模及环境条件要求较高，因此区位上不能太靠近城市核心区，这一空间要求促进了城市老城区边缘由"传统工业空间"向"都市工业"的转变。总体上，企业用地调整的功能分布呈现类似于竞租曲线的梯度特征，主导类型依次为商业＋办公、居住＋商业、居住、居住＋园区载体。

10.2　中国城市存量工业用地调整的制度解析与政策响应

理论上，中国城市内部存量工业用地调整过程，是政府、企业等多元利益主体根据各自掌握资本与权力，不断进行谈判与博弈的过程，所以这一过程同时受"政府企业化"和"企业行政化"的双重影响。

首先，中国城市内部存量工业用地调整受"政府企业化"特征的影响。不同于西方发达国家的"服务型政府"，中国的分权化改革赋予了地方政府相对独立的利益，同时强化了地方政府的经济管理职能，使其越来越明显地表现出原本属于企业的行为特征——追逐利益（张京祥等，2008；Wu，2016）。或者说，中国的城市政府本身就是一个规模庞大的垄断性公司，它不仅掌握了大量的土地资本，同时拥有行政监管权力，是一种特殊的权力与资本结合形式（刘雨平，2013）。在这一制度设计下，地方城市政府为实现自身经济与政绩收益的最大化，通常会以公共利益为名与发展商结成"经济联盟"，甚至直接干预企业的用地调整。例如，南京电炉厂的推倒重建就是在城市政府的直接干预下实现的。

其次，中国城市的企业用地调整受"企业行政化"特征的影响。虽然，政企关系的重构是中国市场化转型过程中的关键环节，但近年来在政府"抓大放小"以及国有企业战略重组过程中，国有企业的政企不分现象又有所抬头，行政化趋势也越来越明显（渠敬东等，2009；戚聿东，2013）。根据所代表利益集团的不同，国有企业在与地方城市政府的谈判过程中表现出的互动关系各异（Zhang et al.，2014）。特别是，对那些具有较高行政级别的中央企业或军工企业而言，大多通过无偿划拨方式取得工业用地使用权，对存量用地调整的诉求不高，甚至在某种程度上阻碍城市内部存量用地的调整（Zhu，1999；朱介鸣，2000）。因此，对于中国城市企业退出及其用地调整的过程需要更加市场化的机制保障。

（1）在政府干预市属企业的用地调整过程中，大量用地被调整为商业或住宅等地产项目，虽然在短期内能有效地促进城市经济增长和结构调整，甚至成为推进城市增长的重要助力器（He and Wu，2005；Lin，2015），但是，这种以地产开发为导向的存量用地调整，往往以追求短期的投资回报率为目标，缺乏城市整体经济和社会更新的基础，并催生房价高涨、社区解体、居住分异和社会不公平等一系列问题，威胁着城市长远发展（张京祥等，2007；黄晓燕和曹小曙，2011）。所以，对于此类企业的用地调整，应进一步理顺政府与市场之间的关系，通过规范和约束政府的行为，充分发挥市场调节机制的作用，让市场定价机制而非政府行政命令成为对弈双方"讨价还价"的关键。在此过程中，城市政府可以通过制定相应的产业引导、污染治理、空间管制政策等，配合市场机制发挥作用。

（2）在政府配合中央企业用地调整过程中，中央企业占据资本与权力两方面优势，导致城市政府在谈判中无法发挥主体能动性，阻碍企业用地调整应有的社会、环境等效益的实现，造成公共福利损失。所以，对于此类企业用地调整，城市政府应该充分发挥自身的主体能动性，积极找寻与中央企业的利益共同点，并通过利益交换与中央企业达成共识，以合作方式完成对企业用地的调整。同时，在参与或引导企业用地调整过程中，还要注重由"发展型政府"向"服务型政府"的转变，统筹考虑企业用地调整的经济、社会、环境等各方面综合收益。

（3）在政府引导新开发商参与的企业用地调整过程中，由于不存在产权变更与转让，因此新开发商的投资回报得不到保障，影响开发商对企业用地的投资强度和空间利用程度，进而阻碍城市工业用地"潜在地租"的实现。而且，这种以非正式更新方式进行的空间改造，由于不涉及产权变更，因此无法或者较难界定新旧开发主体之间的投资比例，在后期空间营运过程中存在产权纠纷的可能（朱介鸣，2000）。所以，对于此类企业用地调整，应坚持"以市场的价格调节机制为主，政府的宏观调控为辅"的原则，通过加强新旧开发主体之间的交流与沟通，协调各市场主体建立良好的利益分配与利益交换机制，用市场化的手段解决用地调整中的各种矛盾和纠纷。

10.3　本书的主要贡献

本书通过理论与实证分析，试图在以下方面能对转型期城市工业空间重构研究有所贡献。

（1）将经济学的博弈分析方法纳入地理学的区位分析框架中，构建了转型期中国城市存量工业用地调整的理论分析框架。首先，基于利益相关者分析视角，界定工业用地调整过程中的主要参与主体及其"成本-收益"；其次，分析市场化、全球化、分权化、城市化和绿色化等外部环境要素对各主体"成本-收益"的影响；再次，借鉴经济学的一般均衡分析方法，分析工业用地调整的均衡过程；最后，根据具体的博弈主体及其相对"成本-收益"关系，构建了三种不同的博弈模型，为后续研究提供了新的理论视角和分析框架。

（2）将城市存量工业用地调整的研究触角延伸到企业内部，为城市存量用地调整研究范式注入中国元素。以往关于城市存量工业用地调整的研究，学者主要集中在空间和功能两个相对宏观的维度，将城市视为一个宏观整体，探讨城市工业的"空间-功能"耦合关系。但是，空间变迁与功能重组都只是存量用地调整结果的物质体现，而要真正理解存量工业用地调整的过程特征，必须要加入产权的分析。本书通过对政府、企业、开发商等不同利益主体进行博弈分析，并系统分析城市存量工业用地调整过程中的产权重组与空间重建特征，将城市内部存量工业用地调整划分为不同模式类型，是对以往基于"功能-空间"类型划分方法的延伸和拓展，对后续研究具有一定的借鉴意义。

10.4　未来研究展望

受作者的学识水平、资料获取和篇幅限制，本书研究还有许多重要的问题需后续进一步深入探讨。

（1）不同企业用地调整模式的效果评价需要进一步追踪研究。本书研究中仅对城市内部存量工业用地调整的过程及其驱动机理进行分析，并归纳演绎出不同的模式和类型。但是，对于不同用地调整变模式和类型所带来的经济社会效益，并未展开讨论。尤其，在制造业退出过程中，没有及时引进替代产业，就有可能导致中心区"产业空心化"等问题；同时，在企业退出过程中会面临老城区失业率上升或居民"钟摆式"通勤的压力。诸如此类现象也会困扰地方政府，甚至会影响政府在企业退出过程中的决策。因此，对于企业用地调整综合效益及后续影响等问题，仍有待进一步解决。

（2）不同发展阶段的用地调整特征需要进一步深化研究。虽然本书研究涉及企业所有制形式及土地产权归属等问题，但是对于不同发展阶段的工业用地调整规律总结仍较为欠缺。尤其，在快速的城市化进程中，我国的经济社会发展也在经历着不同于西方国家的转型过程，因此在城市发展的不同阶段，影响工业用地调整的主要因素是否存在差异，也需要在后续研究中证实。

（3）多城市、多样本的比较与总结需要进一步补充研究。虽然本书研究以南京市老城区为例选择不同典型案例，对存量工业用地调整的过程与机理进行了深入剖析，具有一定的代表性，但要得到更为普适性的结论，还需要以不同城市，尤其是处于不同发展阶段或发展水平的城市为研究区域，选择不同的样本企业，进行多案例的比较研究，以尽可能全面地解释转型期中国城市内部存量工业用地调整的模式特征，为制定更加普适的政策措施提供科学参考。

参 考 文 献

毕秀晶, 汪明峰, 李健, 等. 2011. 上海大都市区软件产业空间集聚与郊区化[J]. 地理学报, 66 (12):
    1682-1694.
蔡冰菲. 2009. 保障性住房建设中地方政府与中央政府的博弈分析[J]. 社会科学家, (12): 40-43.
曹广忠, 柴彦威. 1998. 大连市内部地域结构转型与郊区化[J]. 地理科学, 18 (3): 234-241.
柴彦威, 陈零极, 张纯. 2007. 单位制度变迁: 透视中国城市转型的重要视角[J]. 世界地理研究,
    16 (4): 60-69.
陈超, 胡彬. 2007. 城市郊区化机制探究——以杭州市为例[J]. 城市问题, (10): 56-62.
陈刚. 2006. 运用 "新智猪博弈" 理论在市场转型中赢得主动权[J]. IT 时代周刊, (2): 71.
陈浩, 张京祥, 陈宏胜. 2015. 新型城镇化视角下中国 "土地红利" 开发模式转型[J]. 经济地理,
    35 (4): 1-8.
陈浩, 张京祥, 吴启焰. 2010. 转型期城市空间再开发中非均衡博弈的透视——政治经济学的
    视角[J]. 城市规划学刊, (5): 33-40.
陈江龙, 陈雯, 王宜虎, 等. 2006. 太湖地区工业绿色化进程研究——以无锡市为例[J]. 湖泊科学,
    18 (6): 621-626.
陈江龙, 高金龙, 徐梦月, 等. 2014. 南京大都市区建设用地扩张特征与机理[J]. 地理研究,
    33 (3): 427-438.
陈鹏. 2009. 中国土地制度下的城市空间演变[M]. 北京: 中国建筑工业出版社.
陈雯, Soyez D, 左文芳. 2003. 工业绿色化: 工业环境地理学研究动向[J]. 地理研究, 22 (5):
    601-608.
陈雯. 1995. 城市发展方针的再探讨[J]. 科技导报, 13 (8): 34-36.
陈雯. 2008. 空间均衡的经济分析[M]. 北京: 商务印书馆.
陈旭, 赵民. 2016. 经济增长, 城镇化的机制及 "新常态" 下的转型策略——理论解析与实证
    推论[J]. 城市规划, 40 (1): 9-18.
陈煊. 2009. 城市更新过程中地方政府, 开发商, 民众的角色关系研究[D]. 武汉: 华中科技大学
    博士学位论文.
楚波, 梁进社. 2007. 基于 OPM 模型的北京制造业区位因子的影响分析[J]. 地理研究, 26 (4):
    723-734.
邓珊. 2015. 基于动态博弈的矿区土地退出路径优选[D]. 徐州: 中国矿业大学硕士学位论文.
丁成日. 2004. 空间结构与城市竞争力[J]. 地理学报, 59 (5): 8-11.
窦京生, 黄家柱. 1992. 建国以来无锡市区土地利用变化及存在问题的遥感分析与研究[J]. 国土
    资源遥感, 4 (2): 12-16, 36.
樊杰, 陈东. 2009. 珠江三角洲产业结构转型与空间结构调整的战略思考[J]. 中国科学院院刊,
    24 (2): 137-144.

冯健. 2002. 杭州城市工业的空间扩散与郊区化研究[J]. 城市规划汇刊，（2）：42-47，80.

冯立，唐子来. 2013. 产权制度视角下的划拨工业用地更新：以上海市虹口区为例[J]. 城市规划
　　学刊，（5）：23-29.

富一凝. 2014. 生态理念引领的工业用地转型路径研究——以上海桃浦科技智慧城规划为例[J].
　　上海城市规划，（4）：66-70.

高菠阳，刘卫东. 2010. 土地制度对北京制造业空间分布的影响[J]. 地理科学进展，29（7）：
　　878-886.

高金龙，陈雯. 2017. 转型期中国城市用地结构动态演变及其机理——基于长三角51个样本城
　　市的实证研究[J]. 长江流域资源与环境，26（4）：540-551.

高金龙，袁丰，陈雯. 2017. 转型期城市制造业空间重构过程与机理——以南京市为例[J]. 地理
　　研究，36（6）：1014-1028.

高爽，魏也华，陈雯. 2012. 环境规制对无锡市区污染密集型制造业区位选择的影响[J]. 湖泊科学，
　　24（6）：883-890.

高喆. 2009. 工业用地自主更新模式与机制研究[D]. 广州：中山大学硕士学位论文.

葛天阳，后文君，阳建强. 2012. 老工业空间更新演化机制研究——以无锡大运河沿岸老工业
　　为例[A]. 多元与包容——2012中国城市规划年会论文集，昆明：15.

顾朝林. 1994. 战后西方城市研究的学派[J]. 地理学报，49（4）：371-382.

顾朝林. 2003. 城市化的国际研究[J]. 城市规划，27（6）：19-24.

顾朝林，刘海泳. 1999. 西方"马克思主义"地理学[J]. 地理科学，19（3）：237-242.

顾朝林，甄峰，张京祥. 2000. 集聚与扩散——城市空间结构新论[M]. 南京：东南大学出版社.

顾立三. 1982. 浅谈无锡城市规划和管理工作[J]. 城市规划汇刊，（6）：1-6.

管娟. 2008. 上海中心城区城市更新运行机制演进研究[D]. 上海：同济大学硕士学位论文.

郭付友，陈才，刘继生. 2014. 1990年以来长春市工业空间扩展的驱动力分析[J]. 人文地理，
　　129（6）：88-94.

何建颐，张京祥，陈眉舞. 2006. 转型期城市竞争力提升与城市空间重构[J]. 城市问题，（1）：
　　16-20.

何流. 2000. 中国城市空间扩展与结构演进研究——以南京为例[D]. 南京：南京大学硕士学位
　　论文.

何世茂. 2009. 南京工业产业发展与空间布局对策[J]. 现代城市研究，（1）：58-66.

贺灿飞，郭琪，马妍，等. 2014. 西方经济地理学研究进展[J]. 地理学报，69（8）：1207-1223.

贺灿飞，朱彦刚，朱晟春. 2010. 产业特性、区域特征与中国制造业省区集聚[J]. 地理学报，
　　65（10）：1218-1228.

贺灿飞，刘作丽，王亮. 2008. 经济转型与中国省区产业结构趋同研究[J]. 地理学报，63（8）：
　　807-819.

贺灿飞，毛熙彦. 2015. 尺度重构视角下的经济全球化研究[J]. 地理科学进展，34（9）：1073-1083.

洪惠坤，廖和平，曾彦，等. 2015. 集约导向的重庆市低效工业用地退出机制研究[J]. 西南大学
　　学报（自然科学版），37（5）：128-135.

胡晓玲. 2009. 企业，城市与区域的演化与机制[M]. 南京：东南大学出版社.

胡晓玲，徐建刚，童江华，等. 2007. 快速转型期老工业基地工业用地调整研究——以武汉为例[J].
　　城市规划，31（5）：40-46.

胡毅,张京祥. 2015. 中国城市住区更新的解读与重构——走向空间正义的空间生产[M]. 北京:
　　中国建筑工业出版社.
黄耿志,薛德升. 2013. 环境压力下污染型企业区位变动的触发机制[EB/OL]. http://www. paper.
　　edu. cn/releasepaper/content/201303-173[2013-03-06].
黄晓燕,曹小曙. 2011. 转型期城市更新中土地再开发的模式与机制研究[J]. 城市观察,(2):
　　15-22.
黄瑛,徐建刚,张伟. 2013. 传统民居型历史地段保护更新中的博弈研究[J]. 城市规划,37(9):
　　46-50.
江曼琦. 1994. 大城市中心市区工业疏解的思考——以天津市为例[J]. 经济地理,14(1):65-69.
李承嘉. 2000. 租隙理论之发展及其限制[J]. 台湾土地研究,(1):67-89.
李靖华,郭耀煌. 2001. 国外产业生命周期理论的演变[J]. 人文杂志,(6):62-65.
李少星,颜培霞,蒋波. 2010. 全球化背景下地域分工演进对城市化空间格局的影响机理[J]. 地
　　理科学进展,29(8):943-951.
李王鸣,朱珊,王纯彬. 2004. 民营企业迁移扩张现象调查——以浙江省乐清市为例[J]. 经济问题,
　　(9):30-32.
刘塔. 1992. 都市更新与上海城市发展[J]. 科技导报,10(11):16-19.
刘颖,周沂,贺灿飞. 2014. 污染企业迁移意愿的影响因素研究——以浙江省上虞市为例[J]. 经
　　济地理,34(10):150-156.
刘雨平. 2013. 地方政府行为驱动下的城市空间演化及其效应研究[D]. 南京:南京大学博士学位
　　论文.
卢现祥,朱巧玲. 2012. 新制度经济学[M]. 北京:北京大学出版社.
鲁德银. 2008. 企业家行为,企业迁移,产业集群与农村城镇化政策[J]. 财经研究,33(11):
　　82-91.
陆大道. 1990. 中国工业布局的理论与实践[M]. 北京:科学出版社.
吕拉昌,魏也华. 2006. 新产业区的形成、特征及高级化途径[J]. 经济地理,26(3):359-363,
　　368.
吕卫国,陈雯. 2009. 制造业企业区位选择与南京城市空间重构[J]. 地理学报,64(2):142-152.
陆大道,陈明星. 2015. 关于"国家新型城镇化规划(2014—2020)"编制大背景的几点知识[J].
　　地理学报,70(2):179-185.
罗超. 2015. 我国城市老工业用地更新的推动机制研究[J]. 城市发展研究,22(2):20-24.
孟延春. 2000. 北京郊区化的趋势,问题及其对策[J]. 清华大学学报(哲学社会科学版),15(4):
　　63-67.
苗长虹,魏也华. 2009. 分工深化、知识创造与产业集群成长——河南鄢陵县花木产业的案例
　　研究[J]. 地理研究,28(4):853-864.
南京市地方志编纂委员会. 1986. 南京简志[M]. 南京:江苏古籍出版社.
南京市地方志编纂委员会. 1998. 南京机械工业态. 北京:方志出版社.
南京市地方志编纂委员会. 2008. 南京城市规划志(上)[M]. 南京:江苏人民出版社.
宁越敏. 1998. 新城市化进程——90年代中国城市化动力机制和特点探讨[J]. 地理学报,53(5):
　　470-477.
潘德蓓. 2012. 上海工业园区土地二次开发的难点与对策[J]. 上海房地,(4):39-40.

戚聿东. 2013. 国企改革需要"去行政化"[J]. 开放导报，（6）：29-33.

祁守斌. 2012. 金榜——名御建设项目后评估研究[D]. 南京：南京理工大学硕士学位论文.

秦波. 2012. 企业区位选择与城市空间重构[M]. 北京：中国建筑工业出版社.

渠敬东，周飞舟，应星. 2009. 从总体支配到技术治理——基于中国 30 年改革经验的社会学
　　分析[J]. 中国社会科学，（6）：104-127.

任绍斌. 2011. 城市更新中的利益冲突与规划协调[J]. 现代城市研究，（1）：12-16.

邵任薇. 2010. 安排者，监管者和协调者[J]. 城市发展研究，（12）：125-128.

沈建法. 2000. 城市政治经济学与城市管治[J]. 城市规划，24（11）：8-11.

史进，贺灿飞. 2014. 企业空间动态研究进展[J]. 地理科学进展，33（10）：1342-1353.

苏则民. 2008. 南京城市规划史稿[M]. 北京：中国建筑工业出版社.

谭文柱. 2012. 社会关系嵌入与产业转移的区位选择[J]. 地理科学，32（7）：835-839.

汤建中，严重敏. 1985. 上海市经济发展的空间分析[J]. 地理研究，4（3）：5-13.

唐鹏. 2014. 土地财政收入形成及对地方财政支出偏好的影响研究[D]. 南京：南京农业大学博士
　　学位论文.

唐子来. 1991. 城市开发和规划的作用（二）[J]. 城市规划汇刊，（2）：26-34.

陶希东，刘君德. 2003. 国外大城市郊区化的演变及对我国的启示[J]. 城市问题，（4）：69-73.

田莉，姚之浩，郭旭，等. 2015. 基于产权重构的土地再开发——新型城镇化背景下的地方实践
　　与启示[J]. 城市规划，39（1）：22-29.

田莉. 2013. 处于十字路口的中国土地城镇化——土地有偿使用制度建立以来的历程回顾及转
　　型展望[J]. 城市规划，37（5）：22-28.

王德起. 2013. 城市群发展中产业用地结构优化研究——一个逻辑机制框架[J]. 城市发展研究，
　　20（5）：36-44.

王丰龙，刘云刚. 2013. 空间生产再考：从哈维到福柯[J]. 地理科学，33（11）：1293-1301.

王宏钧，刘如仲. 1979. 明代后期南京城市经济的繁荣和社会生活的变化——明人绘（南都繁会
　　图卷）的初步研究[J]. 中国历史博物馆馆刊，（1）：99-106.

王慧. 2006. 开发区发展与西安城市经济社会空间极化分异[J]. 地理学报，61（10）：1011-1024.

王珏. 2014. 长江三角洲地区政府合作过程与合作模式的博弈分析[D]. 南京：中国科学院南京地
　　理与湖泊研究所硕士学位论文.

王柯. 2010. 城市老工业区转型及其空间重构研究——以南京南部老工业区为例[D]. 南京：东南
　　大学硕士学位论文.

王美今，林建浩，余壮雄. 2010. 中国地方政府财政竞争行为特性识别："兄弟竞争"与"父子
　　争议"是否并存？[J]. 管理世界，（3）：22-31.

王微. 2013. 老工业空间非正式更新演化机制研究[D]. 南京：南京大学硕士学位论文.

王武科，张凌，胡东海. 2011. 宁波市三江片区工业用地时空演变分析[J]. 城市规划，35（7）：
　　30-35.

王业强. 2007. 国外企业迁移研究综述[J]. 经济地理，27（1）：30-35.

王宜虎，陈雯. 2007. 工业绿色化发展的动力机制分析[J]. 华中师范大学学报（自然科学版），
　　41（1）：125-129.

王毅. 2010. 南京城市空间营造研究[D]. 武汉：武汉大学博士学位论文.

王桢桢. 2011. 城市更新：权力失衡与能力赋予[J]. 中共中央党校学报，15（5）：85-88.

温晓诣. 2015. 土地双轨制背景下划拨工业用地退出策略——以上海虹口区为例[J]. 建筑知识: 学术刊, 35（1）: 342-343.

吴炳怀. 1997. 旧城工业区改造问题初探[J]. 城市规划汇刊,（4）: 50-53.

吴炳怀. 1998. 区域、城市整体发展与旧城功能、用地结构的调整——以常州为例[J]. 城市规划, 22（1）: 25-29.

吴楚材, 姚士谋, 徐桂卿. 1987. 苏锡常城市用地动态变化[M]. 北京: 科学出版社.

吴良镛. 1993. 在《'92 旧城改造高级研讨会》闭幕式上的讲话[M]. 北京: 清华大学出版社.

吴启焰. 2011. 新自由主义城市空间重构的批判视角研究[J]. 地理科学, 31（7）: 769-774.

夏蓓, 邓攀. 2014. 南京百年城市史（1912—2012）工农业卷[M]. 南京: 南京出版社.

肖微, 方堃. 2009. 基于博弈论思维框架的政府与企业关系重塑——从"囚徒困境"到"智猪博弈"的策略选择[J]. 华中农业大学（社会科学版）,（1）: 60-63.

谢识予. 2002. 经济博弈论[M]. 2 版. 上海: 复旦大学出版社.

邢佳林. 2013. 城市老工业地段整体更新策略探讨——以南京金城集团规划改造方案为例[J]. 建筑与文化,（11）: 74-76.

熊德章. 2002. 重庆电炉股份有限公司营销战略研究[D]. 重庆: 电子科技大学硕士学位论文.

熊浩. 2003. 南京近代城市规划研究[D]. 武汉: 武汉理工大学硕士学位论文.

熊向宁, 徐剑, 孙萍. 2010. 博弈论视角下的武汉市城市空间形态引导策略研究[J]. 规划师, 26（10）: 62-66.

徐安达, 吴岚方. 1995. 江苏电炉行业剖析[J]. 江苏机械制造与自动化,（2）: 8-10.

徐雷. 2013. 政府干预下的产业集聚与转移——以辽宁沿海经济带为例[J]. 经济研究参考,（27）: 23-28.

薛冰, 张黎明, 耿涌, 等. 2014. 基于空间重构视角的老工业区人地关系研究——以沈阳铁西为例[J]. 地理科学, 35（6）: 890-897.

严若谷, 周素红, 闫小培. 2011. 城市更新之研究[J]. 地理科学进展, 30（8）: 947-955.

延善玉, 张平宇, 马延吉, 等. 2007. 沈阳市工业空间重组及其动力机制[J]. 人文地理, 22（3）: 107-111.

阳建强. 2000. 中国城市更新的现况, 特征及趋向[J]. 城市规划, 24（4）: 53-55.

杨笛韵. 2015. 城市存量工业用地再开发的博弈研究[D]. 上海: 华东师范大学硕士学位论文.

杨菊萍, 贾生华. 2011. 企业迁移的动因识别——基于内容分析法的研究[J]. 地理科学, 31（1）: 15-21.

杨万钟. 1997. 21 世纪上海产业布局模型[J]. 地理学报, 52（2）: 104-113.

杨晓辉, 丁金华. 2013. 利益博弈视角下的城市土地再开发与规划调控策略[J]. 规划师, 29（7）: 85-89, 100.

叶林. 2013. 从增长联盟到权益共同体: 中国城市改造的逻辑重构[J]. 中山大学学报（社会科学版）, 53（5）: 129-135.

尹贻梅, 刘志高, 刘卫东, 等. 2011. 城市老工业区创意转型路径研究: 以北京石景山为例[J]. 地理与地理信息科学, 27（6）: 55-60.

余敏江, 刘超. 2011. 生态治理中地方与中央政府的"智猪博弈"及其破解[J]. 华东经济管理,（2）: 147-152.

袁丰. 2016. 中国沿海大城市制造业空间集聚研究——以苏南典型城市为例[M]. 北京: 科学出版社.

袁丰，李丹丹. 2014. 辽宁佟二堡皮革制造集群与专业市场共同演化[J]. 地理研究，33（3）：
　　546-557.

袁丰，魏也华，陈雯，等. 2010. 苏州市区信息通讯企业空间集聚与新企业选址[J]. 地理学报，
　　65（2）：153-163.

袁丰，魏也华，陈雯，等. 2012. 无锡城市制造业企业区位调整与苏南模式重组[J]. 地理科学，
　　32（4）：401-408.

曾刚. 2001. 上海市工业布局调整初探[J]. 地理研究，20（3）：330-337.

张会恒. 2004. 论产业生命周期理论[J]. 财贸研究，（6）：7-11.

张京祥，陈浩. 2012. 基于空间再生产视角的西方城市空间更新解析[J]. 人文地理，27（2）：1-5.

张京祥，陈浩. 2014. 空间治理：中国城乡规划转型的政治经济学[J]. 城市规划，38（11）：9-15.

张京祥，吴缚龙，马润潮. 2008. 体制转型与中国城市空间重构——建立一种空间演化的制度分
　　析框架[J]. 城市规划，32（6）：55-60.

张京祥，吴佳，殷洁. 2007. 城市土地储备制度及其空间效应的检讨[J]. 城市规划，31（12）：
　　26-30，36.

张京祥，殷洁，罗小龙. 2006. 地方政府企业化主导下的城市空间发展与演化研究[J]. 人文地理，
　　21（4）：1-6.

张京祥，赵丹，陈浩. 2013. 增长主义的终结与中国城市规划的转型[J]. 城市规划，37（1）：45-50.

张盼盼，王美飞，何丹. 2014. 中心城区工业用地退出路径与机制——以上海为例[J]. 城市观察，
　　（6）：88-96.

张平宇. 2004. 城市再生：我国新型城市化的理论与实践问题[J]. 城市规划，28（4）：25-30.

张庭伟. 2001. 1990 年代中国城市空间结构的变化及其动力机制[J]. 城市规划，25（7）：7-14.

张维迎，周黎安，顾全林. 2003. 经济转型中的企业退出机制——关于北京市中关村科技园区的
　　一项经验研究[J]. 经济研究，（10）：3-14.

张文忠，樊杰，杨晓光. 2002. 重庆市区企业的扩散及与库区企业空间整合模式[J]. 地理研究，
　　21（1）：107-114.

张晓平，刘卫东. 2003. 开发区与我国城市空间结构演进及其动力机制[J]. 地理科学，23（2）：
　　142-149.

张晓平，陆大道. 2002. 开发区土地开发的区域效应及协同机制分析[J]. 资源科学，24（5）：32-38.

张晓平，孙磊. 2012. 北京市制造业空间格局演化及影响因子分析[J]. 地理学报，67（10）：
　　1308-1316.

张振波. 2007. 城市更新项目营销策划研究——以南京金城集团旧厂区更新项目为例[D]. 南京：
　　东南大学硕士学位论文.

章建豪. 2009. 企业视角的开发区与城市功能互动研究——以南京为例[D]. 南京：东南大学硕士
　　学位论文.

赵艳莉. 2012. 公共选择理论视角下的广州市"三旧"改造解析[J]. 城市规划，36（6）：61-65.

赵燕菁. 2005. 制度经济学视角下的城市规划（上）[J]. 城市规划，29（6）：40-47.

赵燕菁. 2014. 存量规划：理论与实践[J]. 北京规划建设，（4）：153-156.

郑国，周一星. 2006. 北京经济技术开发区对北京郊区化的影响研究[J]. 城市规划学刊，（6）：
　　23-26.

周婕，王玲. 2004. 城市中心区工业用地形成与调整[J]. 武汉大学学报（工学版），37（2）：142-145.

周敏，林凯旋，黄亚平. 2014. 城市空间结构演变的动力机制——基于新制度经济学视角[J]. 现代城市研究，（2）：40-46.

周一星，冯健. 2002. 应用"主城"概念要注意的问题[J]. 规划研究，26（8）：46-50.

周一星，孟延春. 1997. 沈阳的郊区化—兼论中西方郊区化的比较[J]. 地理学报，52（4）：289-299.

朱华晟，王缉慈，李鹏飞，等. 2009. 基于多重动力机制的集群企业迁移及区域影响——以温州灯具企业迁移中山古镇为例[J]. 地理科学进展，28（3）：329-336.

朱介鸣. 2000. 地方发展的合作——渐进式中国城市土地体制改革的背景和影响[J]. 城市规划汇刊，（2）：38-45.

朱介鸣. 2001. 模糊产权下的中国城市发展[J]. 城市规划汇刊，（6）：22-25.

邹兵. 2015. 增量规划向存量规划转型：理论解析与实践应对[J]. 城市规划学刊，（5）：12-19.

左为，吴晓，汤林浩. 2015. 博弈与方向：面向城中村改造的规划决策刍议——以经济平衡为核心驱动的理论梳理与实践操作[J]. 城市规划，39（8）：29-38.

Adair A，Berry J，McGreal S，et al. 1999. Evaluation of investor behaviour in urban regeneration[J]. Urban Studies，36（12）：2031-2045.

Alonso W. 1964. Location and Land Use：Toward a General Theory of Land Rent[M]. Cambridge：Harvard University Press.

Barnes T，Hutton T. 2009. Situating the new economy：Contingencies of regeneration and dislocation in Vancouver's inner city[J]. Urban Studies，46（5/6）：1247-1269.

Bathelt H，Malmberg A，Maskell P. 2004. Clusters and knowledge：Local buzz, global pipelines and the process of knowledge creation[J]. Progress in Human Geography，28（1）：31-56.

Becattini G. 1990. The Industrial District as a Socioeconomic Notion[M]. Geneva：Industrial Districts and Interfirm Cooperation.

Boschma R，Frenken K. 2011. The emerging empirics of evolutionary economic geography[J]. Journal of Economic Geography，11（2）：295-307.

Bosma N S. 2009. The Geography of Entrepreneurial Activity and Regional Economic Development：Multilevel Analyses for Dutch and European Regions[D]. Utrecht：Utrecht University.

Brouwer A E，Mariotti I，van Ommeren J N. 2004. The firm relocation decision：An empirical investigation[J]. The Annals of Regional Science，38（2）：335-347.

Carlsen F，Langset B，Rattsø J. 2005. The relationship between firm mobility and tax level：Empirical evidence of fiscal competition between local governments[J]. Journal of Urban Economics，58（2）：273-288.

Carmon N. 1997. Neighborhood regeneration：The state of the art[J]. Journal of Planning Education and Research，17（2）：131-144.

Carmon N. 1999. Three generations of urban renewal policies：Analysis and policy implications[J]. Geoforum，30（2）：145-158.

Castells M，Lebas E. 1978. City，Class，and Power[M]. London：Macmillan.

Chen J，Gao J，Chen W. 2016. Urban land expansion and the transitional mechanisms in Nanjing, China[J]. Habitat International，53：274-283.

Chiarvesio M，Di Maria E，Micelli S. 2010. Global value chains and open networks：The case of Italian industrial districts[J]. European Planning Studies，18（3）：333-350.

Chou T. 2007. The science park and the governance challenge of the movement of the high-tech urban region towards polycentricity: The Hsinchu science-based industrial park[J]. Environment and Planning A, 39 (6): 1382.

Clark E. 1988. The rent gap and transformation of the built environment: Case studies in Malmö 1860-1985[J]. GeografiskaAnnaler. Series B. Human Geography: 241-254.

Clark E. 1995. The rent gap re-examined[J]. Urban Studies, 32 (9): 1489-1503.

Coenen L, Moodysson J, Martin H. 2015. Path renewal in old industrial regions: Possibilities and limitations for regional innovation policy[J]. Regional Studies, 49 (5): 850-865.

Couch C, Dennemann A. 2000. Urban regeneration and sustainable development in Britain: The example of the Liverpool RopewalksPartnership[J]. Cities, 17 (2): 137-147.

Dempwolf C. 2000. An evaluation of recent industrial land use studies: Do theory and history make better practice? [J]. Retrieved August, 28: 1-39.

Deng X, Huang J, Rozelle S, et al. 2008. Growth, population and industrialization, and urban land expansion of China[J]. Journal of Urban Economics, 63 (1): 96-115.

Dicken P, Lloyd P E. 1978. Inner metropolitan industrial change, enterprise structures and policy issues: Case studies of Manchester and Merseyside[J]. Regional Studies, 12 (2): 181-197.

Ding C, Zhao X. 2014. Land market, land development and urban spatial structure in Beijing[J]. Land Use Policy, 40: 83-90.

Edel M. 1972. Planning, market or warfare?—Recent land use conflict in American cities [A]. Readings in Urban Economics, New York: Macmillan.

Ellison G. 2006. Bounded rationality in industrial organization[J]. Econometric Society Monographs, 42: 142.

Erickson R A, Wasylenko M. 1980. Firm relocation and site selection in suburban municipalities[J]. Journal of Urban Economics, 8 (1): 69-85.

Fan C C, Scott A J. 2003. Industrial agglomeration and development: A survey of spatial economic issues in East Asia and a statistical analysis of Chinese regions[J]. Economic Geography, 79 (3): 295-319.

Feng J, Zhou Y. 2005. Suburbanization and the changes of urban internal spatial structure in Hangzhou, China[J]. Urban Geography, 26 (2): 107-136.

Flitner M, Soyez D. 2000. Geographical perspectives on civil society actors[J]. Geojournal, 52 (1): 203-220.

Freeman R E, Reed D L. 1983. Stockholders and stakeholders: A new perspective on corporate governance[J]. California Management Review, 25 (3): 88-106.

Fujita M, Thisse J F, Zenou Y. 1997. On the endogeneous formation of secondary employment centers in a city[J]. Journal of Urban Economics, 41 (3): 337-357.

Gao B, Liu W, Michael D. 2014a. State land policy, land markets and geographies of manufacturing: The case of Beijing, China[J]. Land Use Policy, 36: 1-12.

Gao J, Chen W, Liu Y. 2018. Spatial restructuring and the logic of industrial land redevelopment in urban China: II. A case study of the redevelopment of a local state-owned enterprise in Nanjing[J]. Land Use Policy, 72: 372-380.

Gao J, Chen W, Yuan F. 2017. Spatial restructuring and the logic of industrial land redevelopment in urban China: I. Theoretical considerations[J]. Land Use Policy, 68: 604-613.

Gao J，Wei Y D，Chen W，et al. 2014b. Economic transition and urban land expansion in Provincial China[J]. Habitat International，44：461-473.

Gao J，Yuan F. 2017. Economic transition，firm dynamics，and restructuring of manufacturing spaces in urban China：Empirical evidence from Nanjing[J]. The Professional Geographer，69（3）：505-519.

Gaubatz P. 1999. China's urban transformation：Patterns and processes of morphological change in Beijing，Shanghai and Guangzhou[J]. Urban Studies，36（9）：1495-1521.

Ghosh C，Rodriguez M，Sirmans C. 1995. Gains from corporate headquarters relocations：Evidence from the stock market[J]. Journal of Urban Economics，38（3）：291-311.

Gottdiener M. 1993. A marx for our time：Henri lefebvre and the production of space[J]. Sociological Theory，11（1）：129-134.

Grabher G. 1993. The Embedded Firm：On the Socioeconomic of Industrial Networks[M]. London：Routledge.

Greenbaum R T，Engberg J B. 2004. The impact of state enterprise zones on urban manufacturing establishments[J]. Journal of Policy Analysis and Management：315-339.

Hadjimichalis C. 2006. The end of third Italy as we knew it?[J]. Antipode，38（1）：82-106.

Hall P. 1960. The location of the clothing trades in London，1861—1951[J]. Transactions and Papers（Institute of British Geographers），28：155-178.

Harvey D. 1978. The urban process under capitalism[J]. International Journal of Urban and Regional Research，2（1）：101-131.

Hayter R. 1997. The Dynamics of Industrial Location：The Factory，the Firm，and the Production System[M]. Chichester：Wiley.

He S，Wu F. 2005. Property-led redevelopment in post-reform China: A case study of Xintiandi redevelopment project in Shanghai[J]. Journal of Urban Affairs，27（1）：1-23.

He C，Wei Y D，Xie X. 2008. Globalization，institutional change，and industrial location：Economic transition and industrial concentration in China[J]. Regional Studies，42（7）：923-945.

Healey P. 1991. Urban regeneration and the development industry[J]. Regional Studies，25（2）：97-110.

Healey P，Barrett S M. 1990. Structure and agency in land and property development processes: Some ideas for research[J]. Urban Studies，27（1）：89-103.

Hutton T A. 2003. Service industries，globalization，and urban restructuring within the Asia-Pacific：New development trajectories and planning responses[J]. Progress in Planning，61（1）：1-74.

Hutton T A. 2004a. Post-industrialism，post-modernism and the reproduction of vancouver's central area：Retheorising the 21st-century city[J]. Urban Studies，41（10）：1953-1982.

Hutton T A. 2004b. The new economy of the inner city[J]. Cities，21（2）：89-108.

Hutton T A. 2009. Trajectories of the new economy：Regeneration and dislocation in the inner city[J]. Urban Studies，46（5/6）：987-1001.

Jacobs J. 1961. The Death and Life of Great American Cities[M]. New York：Vintage.

Jones C，Watkins C. 1996. Urban regeneration and sustainable markets[J]. Urban Studies，33（7）：1129-1140.

Kain J F. 1968. Housing segregation，negro employment，and metropolitan decentralization[J]. The Quarterly Journal of Economics，82（2）：175-197.

Krumme G. 1969. Notes on locational adjustment patterns in industrial geography[J]. Geografiska Annaler. Series B，Human Geography，51（1）：15-19.

Krugman P R. 1995. Development，Geography，and Economic Theory[M]. Cambridge：The MIT Press.

Liao F H，Wei Y D. 2012. Dynamics，space，and regional inequality in provincial China: A case study of Guangdong province[J]. Applied Geography，35（1）：71-83.

Lin G C S，Ho S P S. 2005. The state，land system，and land development processes in contemporary China[J]. Annals of the Association of American Geographers，95（2）：411-436.

Lin G C S. 2004. Toward a post-socialist city? Economic tertiarization and urban reformation in the Guangzhou metropolis，China[J]. Eurasian Geography and Economics，45（1）：18-44.

Lin G C. 2015. The redevelopment of China's construction land：Practising land property rights in cities through renewals[J]. The China Quarterly，224：865-887.

Lipton S G. 1977. Evidence of central city revival[J]. Journal of the American Planning Association，43（2）：136-147.

Liu Y，Yin G，Ma L J. 2012. Local state and administrative urbanization in post-reform China: A case study of Hebi City，Henan Province[J]. Cities，29（2）：107-117.

Liu Y，Yue W，Fan P，et al. 2015. Suburban residential development in the era of marleet-oreinted land reform：The case of Hangzhou，China[J]. Land Use Policy，42：233-243.

Lloyd P E，Dicken P. 1972. Location in space：A theoretical approach to economic geography[M]. New York：Harper & Row.

Loftman P，Nevin B. 1995. Prestige projects and urban regeneration in the 1980s and 1990s: A review of benefits and limitations[J]. Planning Practice and Research，10（3/4）：299-316.

Logan J R. 1976. The city as a growth machine[J]. American Journal of Sociology，82（2）：309-332.

Logan M. 1964. Manufacturing decentralization in the Sydney metropolitan area[J]. Economic Geography，40（2）：151-162.

Logan M. 1966. Locational behavior of manufacturing firms in urban areas[J]. Annals of the Association of American Geographers，56（3）：451-466.

Ma L J C，Wu F. 2005. Restructuring the Chinese City：Changing Society，Economy and Space[M]. London：Routledge.

Ma L J. 2004. Economic reforms，urban spatial restructuring，and planning in China[J]. Progress in Planning，61（3）：237-260.

Markusen A. 1996. Sticky places in slippery space：A typology of industrial districts[J]. Economic Geography，72（3）：293-313.

McGee T G，Lin G C S，Marton A M，et al. 2007. China's Urban Space：Development Under Market Socialism[M]. London：Routledge.

McGreal S，Berry J，Lloyd G，et al. 2002. Tax-based mechanisms in urban regeneration：Dublin and Chicago models[J]. Urban Studies，39（10）：1819-1831.

Molle W T. 1977. Industrial mobility—A review of empirical studies and an analysis of the migration of industry from the city of Amsterdam[J]. Regional Studies，11（5）：323-335.

Mumford L. 1961. The City in History: Its Origins, Its Transformations, and Its Prospects[M]. Boston: Houghton Mifflin Harcourt.

Neely A, Benedettini O, Visnjic I. 2011. The servitization of manufacturing: Further evidence[C]. 18th European Operations Management Association Conference, Cambridge.

Ng M K. 2002. Property-led urban renewal in Hong Kong: Any place for the community?[J]. Sustainable Development, 10 (3): 140-146.

Ning Y, Yan Z. 1995. The changing industrial and spatial structure in Shanghai[J]. Urban Geography, 16 (7): 577-594.

North D C. 1990. Institutions, Institutional Change and Economic Performance[M]. Cambridge: Cambridge University Press.

Norton R D. 1986. Industrial policy and American renewal[J]. Journal of Economic Literature, 24 (1): 1-40.

Østergaard C R, Park E. 2015. What makes clusters decline? A study on disruption and evolution of a high-tech cluster in Denmark[J]. Regional Studies, 49 (5): 834-849.

Paris C. 1974. Urban renewal in Birmingham, England—An institutional approach[J]. Antipode, 6 (1): 7-15.

Parkinson M. 1988. Urban regeneration and development corporations: Liverpool style[J]. Local Economy, 3 (2): 109-118.

Pellenbarg P H, van Wissen L J, van Dijk J. 2002. Firm Relocation: State of the Art and Research Prospects[M]. Groningen: University of Groningen.

Pellenbarg P H. 2005. Firm migration in the Netherlands[C]. 45th ERSA Congress, Amsterdam.

Percy S. 2003. The ruhr: From dereliction to recovery[A]. Urban Regeneration in Europe. Oxford: Blackwell Publishing Company: 140-165.

Potter A, Watts H D. 2011. Evolutionary agglomeration theory: Increasing returns, diminishing returns, and the industry life cycle[J]. Journal of Economic Geography, 11 (3): 417-455.

Pred A. 1967. Behaviour and Location, Foundations for a Geographic and Dynamic Location Theory. Part I[M]. Lund: Lund University Press.

Qian Z. 2013. Master plan, plan adjustment and urban development reality under China's market transition: A case study of Nanjing[J]. Cities, 30: 77-88.

Rast J. 1999. Remaking Chicago: The Political Origins of Urban Industrial Change[M]. DeKalb: Northern Illinois University Press.

Rhie C. 2014. New Urban Manufacturing Neo-industrial Design in Louisville, Kentucky[D]. Boston: Massachusetts Institute of Technology.

Rogerson C M. 2001. Inner-city economic revitalisation through cluster support: The Johannesburg clothing industry[J]. Urban Forum, 12 (1): 49-70.

Sassen S. 2001. The Global City: New York, London, Tokyo[M]. Princeton: Princeton University Press.

Schamp E W. 2005. Decline of the district, renewal of firms: An evolutionary approach to footwear production in the Pirmasens area, Germany[J]. Environment and Planning A, 37 (4): 617-634.

Schamp E W. 2010. 20 On the notion of co-evolution in economic geography[J]. The Handbook of Evolutionary Economic Geography: 432.

Schmidt C G. 1979. An analysis of firm relocation patterns in metropolitan Denver, 1974-1976[J]. The Annals of Regional Science, 13 (1): 78-91.

Scott A. 1982. Locational patterns and dynamics of industrial activity in the modern metropolis[J]. Urban Studies, 19 (2): 111-141.

Scott A. 1986a. Industrialization and urbanization: A geographical agenda[J]. Annals of the Association of American Geographers, 76 (1): 25-37.

Scott A. 1986b. Industrial organization and location: Division of labor, the firm, and spatial process[J]. Economic Geography, 62 (3): 215-231.

Scott A. 2000. Economic geography: the great half-century[J]. Cambridge Journal of Economics, 24 (4): 483-504.

Scott A. 2001a. Capitalism, cities and the production of symbolic forms[J]. Transactions of the institute of British Geographers, 26 (1): 11-23.

Scott A. 2001b. Global City-regions: Trends, Theory, Policy[M]. London: Oxford University Press.

Scott A. 2002. A new map of Hollywood: The production and distribution of American motion pictures[J]. Regional Studies, 36 (9): 957-975.

Shaked A, Sutton J. 1982. Relaxing price competition through product differentiation[J]. The Review of Economic Studies, 49 (1): 3-13.

Simmie J, Martin R. 2010. The economic resilience of regions: Towards an evolutionary approach[J]. Cambridge Journal of Regions, Economy and Society, 3 (1): 27-43.

Smith D M. 1966. A theoretical framework for geographical studies of industrial location[J]. Economic Geography, 42 (2): 95-113.

Smith N. 1979. Toward a theory of gentrification a back to the city movement by capital, not people[J]. Journal of the American Planning Association, 45 (4): 538-548.

Smith N. 1982. Gentrification and uneven development[J]. Economic Geography: 139-155.

Steed G P. 1973. Intrametropolitan manufacturing: Spatial distribution and locational dynamics in Greater Vancouver[J]. The Canadian Geographer, 17 (3): 235-258.

Steinnes D N. 1982. Do'people follow jobs' or do'jobs follow people'? A causality issue in urban economics[J]. Urban Studies, 19 (2): 187-192.

Taft C. 2013. Wishing upon a star: Christmas tourism and urban renewal in Bethlehem, PA[J]. Journal of Planning History, 12 (2): 154-178.

Tian L, Ma W. 2009. Government intervention in city development of China: A tool of land supply[J]. Land Use Policy, 26 (3): 599-609.

Todtling F, Trippl M. 2004. Like phoenix from the ashes? The renewal of clusters in old industrial areas[J]. Urban Studies, 41 (5/6): 1175-1195.

Townroe P M. 1991. Rationality in industrial location decisions[J]. Urban Studies, 28 (3): 383-392.

Turok I. 1992. Property-led urban regeneration: Panacea or placebo[J]. Environment and Planning A, 24 (3): 361-379.

Twitchell K. 1981. Regeneration in the Ruhr[M]. Princeton: Princeton University Press.

van Wissen L J, Schutjens V. 2005. Geographical scale and the role of firm migration in spatial economic dynamics[C]. 45th Congress of the European Regional Science Association, Amsterdam.

Wal A Lter, Boschma R. 2011. Co-evolution of firms, industries and networks in space[J]. Regional Studies, 45 (7): 919-933.

Wang J. 2009. Art in capital: Shaping distinctiveness in a culture-led urban regeneration project in Red Town, Shanghai[J]. Cities, 26 (6): 318-330.

Wei Y D. 1999. Regional inequality in China[J]. Progress in Human Geography, 23 (1): 49-59.

Wei Y D. 2000. Regional Development in China: States, Globalization and Inequality[M]. London and New York: Routledge.

Wei Y D. 2001. Decentralization, marketization, and globalization: The triple processes underlying regional development in China[J]. Asian Geographer, 20 (1/2): 7-23.

Wei Y D. 2006. Geographers and globalization: The future of regional geography[J]. Environment and Planning A, 38 (8): 1395-1400.

Wei Y D. 2007. Regional development in China: Transitional institutions, embedded globalization, and hybrid economies[J]. Eurasian Geography and Economics, 48 (1): 16-36.

Wei Y D. 2015. Zone fever, project fever: Economic transition, development policy, and urban expansion in China[J]. Geographical Review, 105 (2): 156-177.

Wei Y D, Leung C K. 2005. Development zones, foreign investment, and global city formation in Shanghai[J]. Growth and Change, 36 (1): 16-40.

Wei Y D, Li W, Wang C. 2007. Restructuring industrial districts, scaling up regional development: A study of the Wenzhou model, China[J]. Economic Geography, 83 (4): 421-444.

Wei Y D, Gu C. 2010. Industrial development and spatial structure in Changzhou City, China: The restructuring of the Sunan model[J]. Urban Geography, 31 (3): 321-347.

Wei Y D, Liefner I. 2012. Globalization, industrial restructuring, and regional development in China[J]. Applied Geography, 32 (1): 102-105.

Wei Y D, Yuan F, Liao F H. 2013. Spatial mismatch and determinants of foreign and domestic information and communication technology firms in urban China[J]. The Professional Geographer, 65 (2): 247-264.

Wen M. 2004. Relocation and agglomeration of Chinese industry[J]. Journal of Development Economics, 73 (1): 329-347.

White M J. 1976. Firm suburbanization and urban subcenters[J]. Journal of Urban Economics, 3 (4): 323-343.

Williamson O E. 2000. The new institutional economics: Taking stock, looking ahead[J]. Journal of Economic Literature, 38 (3): 595-613.

Wolfe D A, Gertler M S. 2004. Clusters from the inside and out: Local dynamics and global linkages[J]. Urban Studies, 41 (5/6): 1071-1093.

Wolpert J. 1964. The decision process in spatial context[J]. Annals of the Association of American Geographers, 54 (4): 537-558.

Wu F. 1996. Changes in the structure of public housing provision in urban China[J]. Urban Studies, 33 (9): 1601-1627.

Wu F. 2016. Emerging Chinese cities: Implications for global urban studies[J]. The Professional Geographer, 68 (2): 338-348.

Wu F，Yeh A G O. 1997. Changing spatial distribution and determinants of land development in Chinese cities in the transition from a centrally planned economy to a socialist market economy: A case study of Guangzhou[J]. Urban Studies，34（11）：1851-1879.

Yang Y，Chang C. 2007. An urban regeneration regime in China：A case study of urban redevelopment in Shanghai's Taipingqiao Area[J]. Urban Studies，44（9）：1809-1826.

Yang Y，Meng Q，McCarn C，et al. 2016. Effects of path dependencies and lock-ins on urban spatial restructuring in China：A historical perspective on government's role in Lanzhou since 1978[J]. Cities，56：24-34.

Ye L. 2014. State-led metropolitan governance in China：Making integrated city regions[J]. Cities，41：200-208.

Yeh A G，Wu F. 1995. Internal structure of Chinese cities in the midst of economic reform[J]. Urban Geography，16（6）：521-554.

Yeh A G，Yang F F，Wang J. 2015. Economic transition and urban transformation of China：The interplay of the state and the market[J]. Urban Studies，52（15）：2822-2848.

Yeung H W C，Coe N M. 2015. Toward a dynamic theory of global production networks[J]. Economic Geography，91（1）：29-58.

Yin Y，Liu Z，Dunford M，et al. 2015. The 798 art district: Multi-scalar drivers of land use succession and industrial restructuring in Beijing[J]. Habitat International，46：147-155.

Yuan F，Gao J，Wang L，et al. 2017. Co-location of manufacturing and producer services in Nanjing，China[J]. Cities，63：81-91.

Yuan F，Gao J，Wu J. 2016. Nanjing-an ancient city rising in transitional China[J]. Cities，50：82-92.

Yuan F，Wei Y D，Chen W. 2014. Economic transition，industrial location and corporate networks：Remaking the Sunan model in Wuxi City，China[J]. Habitat International，42：58-68.

Zhang C，Chai Y. 2014. Un-gated and integrated work unit communities in post-socialist urban China：A case study from Beijing[J]. Habitat International，43：79-89.

Zhang J，Wu F. 2006. China's changing economic governance：Administrative annexation and the reorganization of local governments in the Yangtze River Delta[J]. Regional Studies，40（1）：3-21.

Zhang Q，Wallace J，Deng X，et al. 2014. Central versus local states: Which matters more in affecting China's urban growth?[J]. Land Use Policy，38：487-496.

Zhou Y，Ma L J. 2000. Economic restructuring and suburbanization in China[J]. Urban Geography，21（3）：205-236.

Zhu J. 1994. Changing land policy and its impact on local growth：The experience of the Shenzhen special economic zone，China，in the 1980s[J]. Urban Studies，31（10）：1611-1623.

Zhu J. 1999. Local growth coalition：The context and implications of China's gradualist urban land reforms[J]. International Journal of Urban and Regional Research，23（3）：534-548.

Zielke P，Waibel M. 2014. The governance of spatial-economic restructuring in contemporary China[J]. Pacific Geographies，（42）：21-27.